一級史料でいま明かされる
真田丸のナゾ！
Secret Of Sanadamaru.

一級史料でいま明かされる

真田丸のナゾ!

はじめに

平成二八年のＮＨＫ大河ドラマ『真田丸』のタイトルは、大坂城の一角につくられた出丸《でまる》をもとにしている。その含意は単なる出城という戦術にとどまらない、いわば真田一族の波乱万丈の船路。戦国という荒波をのりこえた、真田三代の物語を象徴したものだ。

主人公の真田信繁《のぶしげ》（江戸時代に幸村と呼ばれるようになる）は次男であったがゆえに、父・昌幸《まさゆき》と兄・信幸《のぶゆき》（のちに信之）の影にかくれ、あまり有力な史料が残されていない。一次史料（同時代の記録）の大半が家を代表する公文書（多くは書状）であり、当代（父親）およびその代行者（嫡男）が署名するものだからだ。

にもかかわらず江戸時代の真田信繁は、神君・徳川家康をあわやというところまで追いつめた史実によって、戦国最強の武将、孤軍奮闘した英雄として軍記物語に描かれてきた。その活躍をたすける忍者群が創作され、明治時代には「真田十勇士」（立川文庫）に結実する。平成の現代では、戦国ＰＣゲームの影響もあって、その人気は織田信長や豊臣秀吉らに匹敵するといってもよいだろう。

かくも有名になってしまった真田信繁（幸村）とその一族の実像、人となりを知るのはきわめて困難だが、冒険のように楽しい作業である。当時の人々による日記や回顧録、および本人の書状を中心に、真田丸の人びとの素顔にせまるのが本書のテーマだ。

さいわい、ここ二十年ほどの史料研究の成果によって、われわれは大学図書館などで一次史料と活字で対面することができる。こまめに秘蔵の古文書を書写し、読みやすく編纂された研究者の努力に負うところが大きい。

たとえば、昭和の歴史小説の大家たちは、かつて神田や早稲田の古本屋街で軍記書や研究書を蒐集し、その作品群に生かしたとされている。しかし現在のように一次史料を読む機会は稀であっただろう。江戸時代の軍記書だからこそ、伝承で精査された史実が詳しく書かれているケースはあるかもしれないが、それ以上に創作でおぎなわれた物語はわかりやすく、デフォルメされているのが常である。まったくのでっち上げも少なくない。緻密な史料批判の成果によって、わたしたちはこれまでの「通説」と言われるものにも、取捨選択のメスを入れられるようになったのだ。

各地の名家の土蔵に埋もれていた古文書群が、ようやくわたしたちの目に触れるようになったいま、わたしたちは真実の真田一族と出会い、真田丸の壮大な航路を知ることになる。

◘第一部　信繁の親族たち

◘第二部　真田の戦略・戦術

◘第三部　信繁の時代の群雄たち

◉第四部　忍者と真田一族

第一部　信繁の親族たち

■真田丸とは、荒波を越えた真田一族の船路である

真田一族は国持ちの大大名ではなく、同じ国人領主（信濃一国の中で群雄割拠する戦国領主＝地侍や土豪とも称される）とたがいに所領を奪い奪われ、あるいは有力大名の国境《くにざかい》で、その帰属に迷う存在であった。真田郷で真田と名乗りはじめた時期も、一族は大名間の政治的思惑に翻弄され、まさに木の葉のように運命に揺すぶられていた。

ドラマは信濃真田氏二代の昌幸（父）・信幸（長男）・信繁（次男）の時代から始まるわけだが、本書ではそれに先行する幸隆《ゆきたか》（幸綱＝祖父）の時代から、真田丸の航跡を追うことにしたい。信州小県《ちいさがた》郡の海野《うんの》一族から出て真田（上田）の地で戦国領主として立ち上がってゆくさまは、まさに時代の荒波をみずからの糧としながらの興隆であるからだ。

おそらく戦国時代でなければ、真田一族は歴史に名を残さなかったであろう。荒波をもろに横腹に受けたがゆえに、この小さな一族の武名は日本じゅうにとどろき、信繁（幸村）の最期は並みいる有力大名をして、日本一の兵《つわもの》と呼ばしめたのである。また小

さく精強であるがゆえに、江戸時代から現在にいたるまで、真田一族はトップクラスの人気をほこる戦国大名となった。

それではさっそく、幸隆（信繁の祖父）時代から、真田丸を襲った七つの荒波を紹介しておこう。真田一族は七回にわたって旗色を変えたとされているが、そのいきさつを簡明に記した解説書は稀である。あまりにもめまぐるしく短期間に陣営を替え、あるいは日和見の策をとってきたからだ。

それでも真田一族は一個の独立した国人領主であり、主君に仕える侍ではないから裏切りや卑怯の評価は当たらない。独立した戦国領主であったがゆえに、同盟軍をコロコロと変えた。いや、変えざるをえなかったのである。

幾重もの荒波こそ、真田丸を戦国の英雄に仕上げた

◘第一の荒波——信濃騒乱で武田氏に従属する

われわれは真田丸の航跡を、いったん信繁の祖父・幸隆の時代にさかのぼる。幸隆は海野棟綱の子（松代藩『真田家系図書上案』）とも、真田頼昌の子（『良泉寺矢沢氏家系図』）ともいわれている。小県の海野氏系の流れであることは間違いない。

幸隆は天文十年（一五四一）五月、甲斐の武田信虎と村上義清・諏訪頼重《よりしげ》の連合軍に小県の領地を追われ、関東管領の上杉憲政《のりまさ》をたよって上野《こうずけ》（群馬県）にのがれている。

同じ年の六月、武田晴信（信玄）が実父・武田信虎を追放すると、真田氏をはじめとする海野一族のもとめに応じて、上杉憲政は長野業正《なりまさ》を総大将に軍勢を信濃に入れた。ところが長野業正は、武田の同盟軍である諏訪頼重と和議をむすび、海野一族の旧領を恢復ないまま引き上げてしまった。この撤兵の事情は、よくわかっていない。

江戸末期に書かれた『名将言行録』（岡谷繁実）によると、上杉憲政および長野業正は真田幸隆を配下に組み入れようとしたが、本領（小県）復帰を希望する幸隆は承服しなかったという。幸隆の心中をさっした業正は、かえって武田信玄への帰属をすすめた。業正の深慮を知った幸隆は、真意を打ち明けなかったことを恥じた、とされている。

史実はおそらく、幸隆が上杉憲政を見限ったということであろう。のちに関東管領職を長尾景虎に委譲する憲政は、みずから信濃の混乱を調停する労をとっていないからだ。

こうした関東管領・上杉憲政の統治能力に疑問を感じた**真田幸隆は、やむなく武田信玄の傘下に入る**。時期は諸説あるが、おそらく信玄が諏訪頼重を謀殺した天文十一年（一五四二）ごろであろう。弱冠二十二歳で甲斐国主となった武田信玄は妹婿の諏訪頼重を殺し、同盟軍だった村上義清を攻めるなど、積極果敢な戦略で甲斐のみならず信濃の国人領主たちを従わせた。真田幸隆もその一人だったのである。

そして幸隆自身も、その戦略眼と戦術、および巧みな交渉能力とで、武田二十四将に数えられるようになるのだった。こうして真田氏は幸隆の時代に、戦国武将としての地位を確立した。しかし武田信玄が遠征先で病没すると、幸隆もそのあとを追うように身まかってしまった。

三男の昌幸は奥近習衆として、武田信玄に近侍してその薫陶をうけていたが、勝頼の代に真田家を相続した。長篠の合戦で、兄・信綱、昌輝が討ち死にしたからである。

●第二の荒波――武田氏滅亡で織田氏の傘下に

真田昌幸は永禄四年（一五六一）九月の第四次川中島合戦で初陣をかざり、武田の武将として活躍していた。父・幸隆の死、二人の兄（信綱、昌輝）の死をうけて、真田の当代となっていた昌幸の前にも、戦国末期の暗雲がたちこめた。

武田一族の中から織田に内応する者（木曽義昌）があり、武田勝頼は窮地におちいる。織田信長とそれに盟約する徳川家康、武田との同盟関係が破綻していた北条氏が、大挙して甲州国境を越えてきたのである。天正十年（一五八二）三月、新府城をすてた武田勝頼の一行は、郡内小山田氏のもとに身を寄せようとしたが、小山田信茂の裏切りに遭って、天目山（田野）において自刃。ここに甲斐武田氏は滅亡した。

このとき、真田昌幸は岩櫃《いわびつ》城に勝頼一行を迎えようとしたが、それは実現しなかった。

戦後、昌幸は織田信長に臣従する。天下の形勢は誰の目にも織田信長のものであって、真田一族にとってもこれ以外の選択肢はなかった。

天下の趨勢を見るに、昌幸の目にいささかの曇りもなかった。と言いたいところだが、実際には武田氏の衰退と滅亡を見越しての政治判断であった。というのも、天正十年三月の段階で、昌幸は北条氏の傘下にあった長尾憲景のもとに書状を送り、北条氏への帰属を打診していたのである。その返書が北条氏邦から昌幸に送られている（北条氏邦書状『正村文書』）。のちに「表裏比興《ひょうりひきょう》の者」と呼ばれる昌幸の政治センスがうかがわれる。

●第三の荒波――織田氏滅亡で北条氏に従う

いずれにしても、織田信長が天下を差配するであろうことを、その果断な武田攻めの規模と実行力によって、昌幸は見抜いていた。国境線の奪い合いや陣地戦ではない、戦国末期の仮借なき国取り合戦、絶滅戦ともいうべき鉄砲の動員、敵地を分国化して法で支配する政治力。信長の施策のいずれもが、これまでの関東の諸大名にはないものだった。

とはいえ、地政学的には越後の上杉と相模・武蔵の北条、そして東海を支配することになった徳川、この三者に圧迫されかねない脆弱な信州である――。にもかかわらず真田一族は、あえて織田信長の傘下に入ったのだった。上田の地がまさに火薬庫のごとく、昌幸には感じられたにちがいない。それは三ヶ月後に現実となって襲いかかってきた。すなわち、天下の野心家にして京都の実権者、洛中にて謀叛に斃《たお》るるの報である。

天正十年六月二日未明、織田信長は京都本能寺において明智光秀によって自害に追い込まれた。嫡男の信忠も二条御所に篭城ののちに自害し、ここに織田嫡流は滅亡したのである。

この京都の政変は、ただちに信濃おもてに波及した。いち早く動いたのは関東の覇者・北条氏である。織田信長の死を知った北条氏（氏政・氏直）は、上野（群馬県）に兵を進め、織田氏の関東担当者である滝川一益《たきがわかずます》を、神流川《かんな》（群馬県南部にある川）の戦いで破った。おなじく信州では、越後方面の担当者であった森長可《もりながよし》も、上杉氏を後ろ盾にした一揆によって敗走させられた。これと前後して、甲府在番の川尻秀隆《かわじりひでたか》が旧武田遺臣団によって殺害されている。こうして甲信の織田勢力は、またたく間に一掃されてしまったのである。

このとき真田一族は、**織田勢掃討の立役者である北条氏に従う**しかなかった。いったん、優勢な上杉氏に加勢して、北条氏の説得でそれに従うという、何とも情勢に流される昌幸の動きであった。そしてここから甲信地方は北条氏と上杉氏、徳川氏の三者がにらみ合うところとなっていく。

◘第四の荒波——天正壬午の乱で徳川氏に臣従する

天正壬午の「壬午《じんご》」とは、天正十年の干支《えと》「みずのえうま」である。

この天正壬午の乱は、近年になってようやく研究が深められた、いわば戦国史の空白であった。羽柴秀吉の明智光秀追討、および畿内・北陸の織田家臣団の争闘に興味を奪われるわれわれは、関東でくり広げられた政治地図の変化から目を離しがちだ。したがって真田氏の動きもあまり知られていない。真田丸の真骨頂ともいうべき三変化はまさに、この天正壬午の乱をおいてないだろう。

当時の勢力図

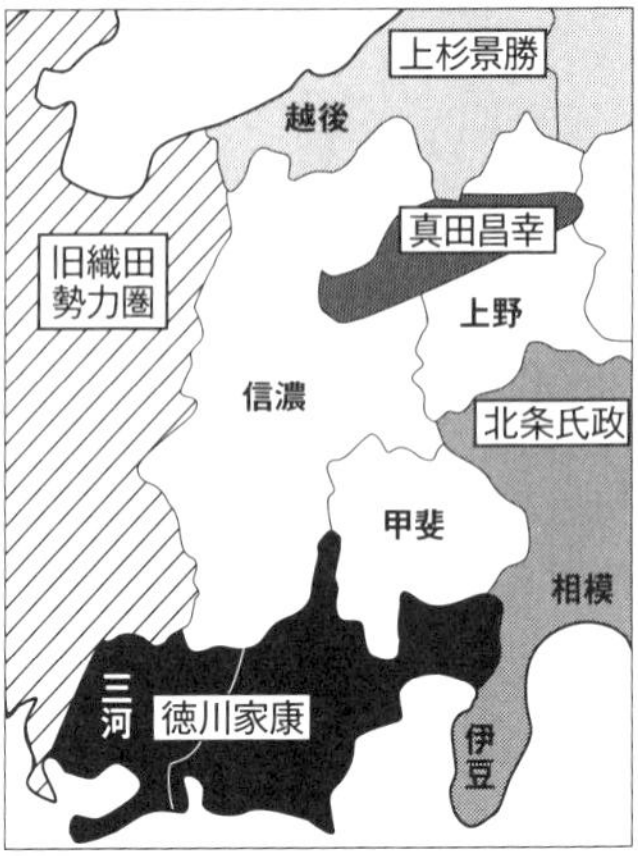

信長亡き後、織田勢が一掃された甲信地方では、上杉・北条・徳川の三者があい争っていた。真田一族は北条氏の先鋒として、川中島を南下してくる上杉勢と対峙することになった。

北条氏は関東から上野（群馬県）を経由して、碓井峠（軽井沢）から信濃・甲斐に入る。北条氏はそのルートで、たちまち信州佐久を奪取した。いっぽう、甲斐は徳川家康が旧武田家臣団を取り込みながら支配するところで、川中島から甲信国境にいたるラインが軍事衝突の現場である。

こう着状態になった上杉勢と北条勢の背後で、徳川家康が北条の兵站をゆさぶりはじめた。北条氏はたまらずに上杉景勝と和議をむすぶ。川中島以北（四郡）は上杉、信濃南部は北条の切り取り次第という両者の誓書が交わされたのだった。

上杉との講和が成ったことで、北条氏は馬首を徳川に向ける。激しい城取り合戦がつづいたが、八月には黒駒（笛吹市御坂町）で徳川勢の鳥居元忠・水野勝成らと会戦し、この戦いで北条氏は敗退してしまった。

圧倒的な兵力（主力が四万・先鋒が一万）にもかかわらず、徳川の一万五千に勝てなかった北条氏から、まもなく信濃国人衆が離反しはじめる。このとき、昌幸も北条氏を見かぎり、**徳川家康の傘下に入った**のである。早くから家康に臣従していた、弟・真田信尹《のぶただ》の説得によるものだった。

ところが、その徳川家康と北条氏が、織田信雄《のぶかつ》（信長の次男）の仲介で和睦してしまうのだ。和睦しただけではなく、縁戚関係（家康の娘と北条氏直《うじなお》が婚姻）となって、関東の仕置《しお》きを談合したのである。その談合で提案されたのは、驚いたことに真田一族の沼田領を北条氏に割譲するというものだった。沼田領は真田一族が血を流してえた土地である。

この真田一族にとって思いがけない譲渡案は、徳川家康が織田信雄を奉じて豊臣秀吉と争った、小牧・長久手の合戦が終わったのちに、北条氏からあらためて履行を求められることになる。

◘第五の荒波――徳川との戦い（第一次上田合戦）で上杉氏に帰属

徳川氏と北条氏が和睦し、小牧・長久手の合戦が終わる（和睦する）まで、真田一族は上田から佐久、碓井峠から上野までのラインを確保し、沼田領を支配下においていた。その多くは徳川家康の求めに応じたものである。にもかかわらず、徳川家康は北条氏に沼田領を割譲する和議案を提案し、その履行を真田一族にもとめてきたのだ。

真田昌幸・信幸にしてみれば、沼田はみずからの武力で勝ち取った領地である。代替地をもとめたが、これを容れられず――。

徳川・北条が来寇するのを見越した昌幸は、**上杉氏に援軍をもとめて、その配下に加わった**。敵の敵は味方である。このとき、信繁（幸村――当時は弁丸）が人質になって越後に入った。上杉景勝の重臣・須田満親《すだみつちか》の書状が『矢澤文書』に残されているので引用しておこう。

「今度為御證人御幼若之方越御申、痛入存候」（このたび、人質として幼若の方がお越しになり、痛み入ります）。

　この「御幼若之方」が信繁である。このとき、真田の重臣・矢沢頼綱《よりつな》の子（三十郎頼幸）と一緒だったという。上杉景勝の起請文の条文には、今後は叛《そむ》いた噂があっても、よく糾明して情けをかける、領地の安堵はもちろん一族の処遇もまかせてほしいとあり、真田一族との盟約によろこびを伝えている。

　そして天正一三年（一五八五）の八月末。真田一族は上杉の援軍を背後に、徳川勢を上田城に迎え討った。第一次上田合戦である。

　鳥居元忠《もとただ》・大久保忠世《ただよ》ら七千の徳川勢を相手に、真田昌幸・信幸父子が巧みな戦術でこれを翻弄したのは周知のとおり（真田戦術については第二部の別稿を参照されたい）。この合戦で徳川勢千三百を討ち取った真田一族の名声は、天下にとどろいた（信幸書状『上田軍記』）。

　幸隆・昌幸の父子が長らく仕えた武田信玄が活躍した時期を戦国大名拮抗の時代とすれば、その信玄亡き後の戦国騒乱は究極の弱肉強食であり、相互絶滅戦、仁義なき戦いである。誰もが最終的な勝ち馬に乗る機会を、虎視眈々とねらう。

そしてそれゆえに、真田一族が天下の帰趨を左右する、小さいながらもキャスティングボートを握ったのだ。それとともに真田一族は、独立した戦国大名に成長していくのである。

第六の荒波――真田征伐と名胡桃《なぐるみ》城失陥（小田原合戦）

豊臣秀吉の西国制覇（島津攻め）で、ほぼ天下の帰趨は決まった。のこるは、東国の従属と奥州の仕置きだけである。

じつは真田昌幸はその秀吉に、上田城で徳川勢と対峙中に書状を送っているのだ。上杉景勝をつうじて、対徳川戦の援助をもとめたのである。はたして秀吉は、天正一三年（一五八五）十月十七日付で返書し、進退については請け負った旨を伝えてきた。

さらに十一月十九日付で、家康に人質を出さないなどの表裏があるために、家康の家臣である石川数正《かずまさ》がこまって尾張に出奔してきた。このうえは人数（兵力）を出して、家康

当時の真田一族勢力圏

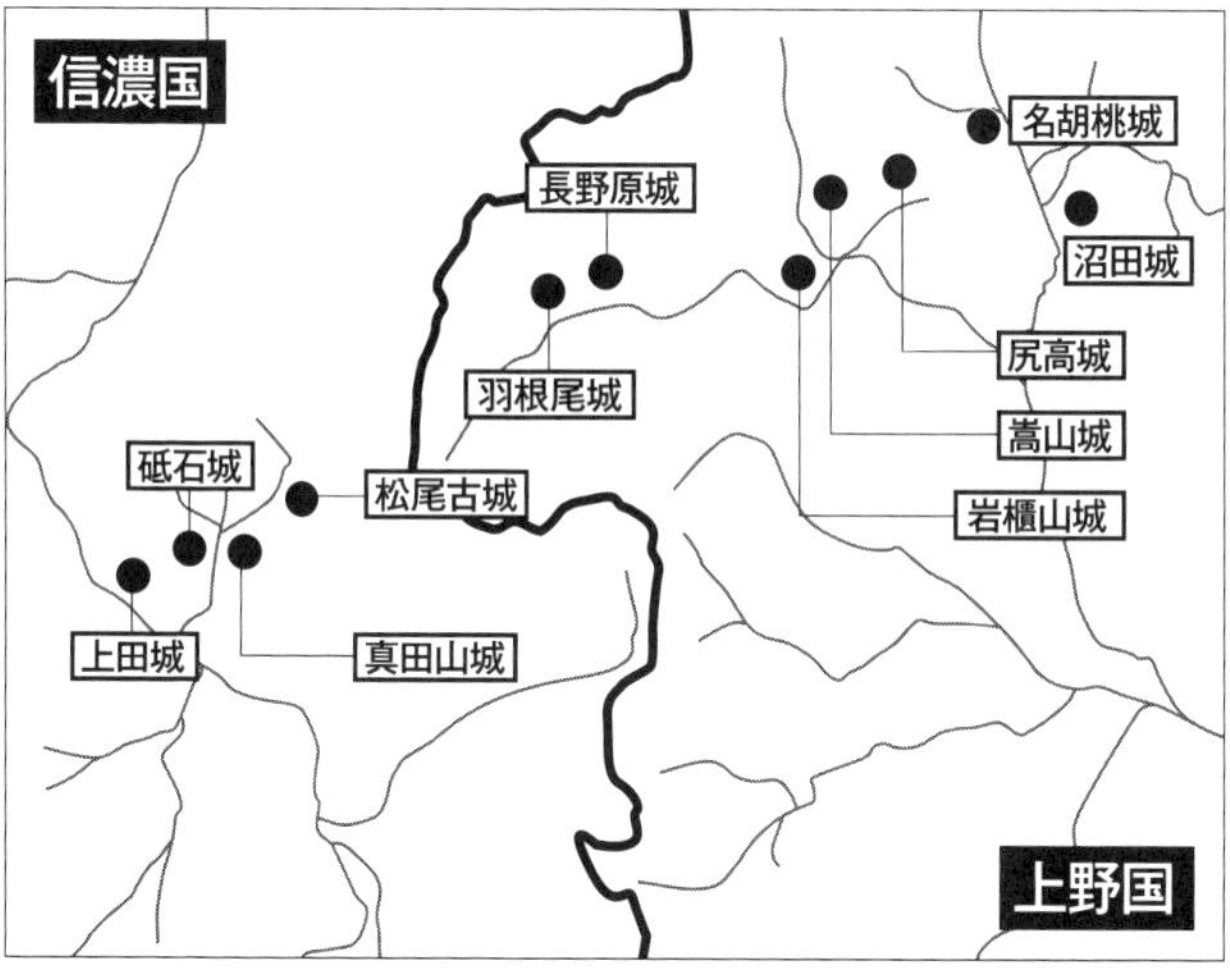

を成敗するつもりだと伝えてきた。

ところが、天正一四年（一五八六）になると秀吉は前言がなかったかのごとく、家康と縁戚をむすび（妹の朝日姫の輿入れ）、さらに人質（母親の大政所）を出して徳川との和を乞うた。家康に臣下の礼をとらせ、天下静謐（統一）を急いだのである。あげくのはてに、石田三成に「真田は表裏比興《ひょうりひきょう》の者だから、徳川殿が兵を出して成敗することになった。ついてはあなたも真田を援《たす》けることがないように」と、上杉景勝に書き送らせてもいる（天正一四年八月三日『上杉家記』「石田三成・増田長盛連署書状」）。

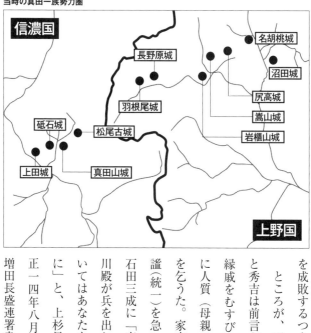

秀吉は家康の機嫌をとるために、真田攻めを公言しはじめたのである。この三成の書状にある「表裏比興の者」とは、表裏があり卑怯者だという意味である。この「比興の者」を「不都合なやつ」や「食えないやつ」などと軽く解釈するのは誤りであろう。これは武士に対する最大限の悪罵であり、徳川との和議のために真田をスケープゴートにする政局。真田征伐が政治日程にのぼったがゆえの、最悪の討伐理由なのである。

ところが、九月にいたって真田攻めは沙汰やみとなり、秀吉は景勝に中止をつたえている。真田征伐を土産に交渉してきた家康との会見が、めでたく十月に実現するはこびとなったからである。やはり真田征伐は政争の具にすぎなかったのだ。

その結果、家康が秀吉に臣従し、**真田一族は秀吉政権下で徳川氏の指揮する大名となった**のである。昌幸は次男の信繁を秀吉に出仕させ、嫡男の信幸を家康に出仕させた。のちに信繁は秀吉の奉行・大谷吉継《よしつぐ》の娘を娶り、信幸が家康の重臣・本多忠勝の娘を娶ることになる。

だが、そこでまた問題になったのが、北条氏との沼田領に関する一件であった。関東の要衝である沼田に執着する北条氏に対して、秀吉は天下びととして決裁をくださなければならないのである。

天下びと秀吉の決裁はしかし、彼らしく機転の利いたものだった。秀吉は沼田領のうち、三分の一（名胡桃城）を真田氏ゆかりのものとして昌幸に、残りの三分の二を北条氏に割譲した（真田氏への代替地は、家康が補塡）。秀吉は沼田領を分割することで、上州に火種を残したのである。

この名胡桃城を北条氏の家臣・猪俣邦憲《いのまたくにのり》が強奪することで、小田原の陣が起きるのである。城をうばわれた真田の訴えを聞くと、秀吉は関東惣無事令《そうぶじれい》に違反するとして北条氏に上洛を命じた。これに応じないとみるや、全国の諸大名に小田原征伐を発令し、二十万ともいわれる大軍を動かした。

このとき、大坂にあった真田信繁はとくに秀吉の配慮で、真田勢が属する前田利家・上杉景勝らの指揮になる北国軍に参加している。信繁の初陣は、松井田城（群馬県安中市）攻めであった。八王子城攻めにも参加し、忍《おし》城攻めでは石田三成の指揮下に入る（落城せず）。

◉第七の荒波――関ヶ原

関ヶ原合戦（慶長五年＝一六〇〇）における真田父子の政治選択と奮闘ぶりは、読者諸賢が知るとおり、真田丸の最大の見せ場であろう。この一件についてあらためて記すのは冗漫の感をぬぐえないが、簡潔に記載しておきたい。

太閤・豊臣秀吉が死去すると、徳川家康は五大老の筆頭として蛮勇をふるい、上杉景勝に謀叛の疑いありと断じた。景勝が上洛の命に応じないと、ただちに上杉征伐の動員を諸大名に命じる。いっぽう、加藤清正・福島正則・黒田長政らとの確執で失脚していた石田三成は、大谷吉継・安国寺恵瓊《あんこくじえけい》らと談合して、この機をとらえて家康弾劾の書状（「内府ちかひの条々」長束正家・増田長盛・前田玄以の三奉行が連署）を諸大名に送った。

家康の上杉征伐に従っていた真田父子がこの報を受けたのは、下野の国・犬伏《いぬぶし》の陣中であった。ここで、昌幸と二人の息子は忌憚のない議論をかわし、**信幸が家康に従うこと、昌幸と信繁は石田三成の西軍に加担する**ことが決まった。これが「犬伏の別れ」である。上田への帰路、昌幸が孫の顔を見たがって沼田城に寄ったところ、信幸の正室・小松殿が入城を拒否した一件。その後、小松殿のおもんぱかりで、城外で祖父が孫とひとときを過ごしたのは『真武内伝』（江戸時代の記録）が語るところだ。

関ヶ原の合戦は、九月十五日に一日で決着した。九月五日から八日まで、徳川秀忠麾下の徳川勢三万を足止めにした第二次上田合戦は、あだ花に終わってしまった。真田昌幸と信繁父子は、信幸の助命嘆願がみのって高野山に配流《はいる》となった。つぎに「大坂の陣」という第八の荒波がやってくるのだが、ここから先は後段にゆだねたい。

ところで、第六の荒波（小田原の陣）にいたるまで、真田幸村こと信繁はまったく登場していない。まだ若い信繁には活躍の場がなかったのであろうか。しかり、真田丸の艱難辛苦と勇躍する武名は、その大半が父・昌幸と兄・信幸のものであった。このあたりは次男坊の哀しいところで、たとい活躍のシーンがあったとしても記録（当時の史料）には残らないのである。

したがって信繁の活躍といえば、大坂の陣を待たなければならない。その真田信繁（幸村）とは、そもそもどんな人物だったのだろうか。

真田幸村こと真田信繁――どんな人物だったのか

生まれは永禄十年（一五六七）が通説だが、これには複数説（「菩提寺の過去帳」は四十六歳没・『左衛門佐君伝記稿』は四十九歳没と、三歳の違いがある）あって一定していない。

永禄一三年生誕説を提起した山村竜也氏は、菩提寺（長国寺）の記録のほうが二百年以上古いこと、上杉家に人質になったとき幼名の「弁丸」を名乗っているので、十九歳ではなく十六歳が妥当であろうという（『真田幸村・英雄の実像』河出文庫）。そこから、翌年に元服して「源次郎信繁（幸村）」となり、新井白石の『藩翰譜《はんかんふ》』にも記載されたというものである。わたしもこれに賛同したい。などという具合に、生年の特定に苦労するほど、真田信繁は記録のハッキリしない人物なのである。

兄・信幸は信繁について、こう語っている。

「左衛門佐《さえもんざ》（信繁）、天下に武名をあらはしたるは道理なり。生得の行儀振舞、平生躰の人とは違ひたる処多かりしなり。物ごと柔和・忍辱にして、強しからず。ことば少なにして、怒りはら立つことなかりし。くらべていはゞ、左衛門佐は国郡を領する誠の侍と謂ひつべし。我等は作り髭して眼をいらゝげ、臂を張りたる道具持といふべきほど違ひたり」（以上、『左衛門佐君伝記稿』小姓の島津権六・伊木茂六らが伝承したもの）。

【超訳】

左衛門佐（信繁）が天下に名をあげたのには理由がある。生まれついての行儀振る舞いのよさは、ふつうの人と違っていたものだ。物ごとに対して柔和であり、我慢することを知っていた。言葉もすくなく、腹を立てたり怒ったりはしなかった。付け髭をして肩肘を張っているわれわれ道具持ちのような者（侍）と比べてみれば、信繁は国持ちの本当の武将（国主クラス）というべきである。

この史料は幕末に編纂されたものだから、信幸の言葉も口承にすぎないかもしれない。

あるいは江戸時代の気風として、戦国乱世の時代を憧れるようになつかしむ、歴史好きの想像が、このような信繁像にしたのかもしれない。いずれにしても、褒めすぎのきらいがある。

とはいえ、ここには信幸の性格も顕わされていて興味ぶかい。沼田から上田に転封（二代将軍・徳川秀忠の嫌がらせとされる＝上田合戦の意趣返し）となったとき、信幸は藩政の重要文書は破棄したものの、石田三成からの書状を（吉光の御長持《ながもち》）に入れて、寝ずの番をつけて保管していたという。危険きわまりない書状の保管は、徳川幕府なにするものぞという信幸の反骨がなせるものであって、「付け髭をして肩肘を張っている」信幸もなかなかのものである。

江戸中期の『翁草《おきなぐさ》』（神沢貞幹《かんざわていかん》）には「生質屈癖ならず、常に人に交はるに笑語多く和せり」とある。これを書いた神沢貞幹は信繁の同時代人ではないが、真田一族についてよく調べた人であるから、このような風聞が伝わっていたのであろう。信繁は親しみやすく、屈託のない人柄で間違いない。

そのいっぽうでひとつ言えることは、信繁がどちらかといえば寡黙で、軍議をリードするようなタイプではなかっただろうと思われることだ。信繁の生涯を集大成した大坂の陣において、大野治長《はるなが》ら城内主流派の篭城策を覆すことに失敗し、ひたすら軍事的技量においてその政治的失敗を埋めている（真田丸の構築とその奮戦）からだ。

父・昌幸であれば、まず正面から大野治長らを論破するか多数派工作をして政治的に無力化したうえで、おそらく奇襲をもって徳川家康の本陣を陥れようとしたはずだ。夏の陣でその半ばが実現された、敵の本陣を衝く強襲策である。

その意味で、信繁は祖父・幸隆や父・昌幸の政治思想を継ぐ政略家ではなく、それを必要としない天才的な戦術家であったといえよう。大坂入城も彼が企図したものではなく、ひたすら死に場所を求めての参陣だったが、そこには軍事的天才ならではの自信もあった

柔和でがまんづよく、笑顔を絶やさなかったが、やや寡黙だった信繁

はずだ。
彼の人がらに近づけるよう、書状を紹介しよう。姉の村松殿に宛てた、大坂冬の陣のあとの書状（小山田文書）である。

たより御ざ候まゝ、一筆申あけ候、さても〳〵こんとふりょ（不慮）の事ニて、御とりあひニ成申候、われ〳〵こゝもとへまいり申候。きつかいとも御すいりやう（推量）候へく候、たゝし、まつ〳〵あひすミ、われ〳〵もしに申さす候。御けさん（見参）ニて申たく候。あすにかハり候ハんハしらす候へとも、なに事なく候、しゆせんとのニも、さい〳〵あひ申候へとも、こゝもとりこミい申候まゝ、心しつかに申うけたまハらす候、こゝもとなに事もなく候まゝ、御心やすく候へく候。くわしく申たく候へとも、此ものいそきたちなから申入候まゝ、さう〳〵申候。かさねて申入候へく候、かしく、
正月二廿四日（慶長二〇年）
むらまつへ

さへもんのすけ

まゐる

【超訳】ちょうど良い便がありましたので、手紙を送ります。さて、このたびは思いがけないことで、戦いになってしまいましたので、われわれは大坂に来ております。もしやわたしの篭城が不届き千万なことに、上田の方々のご迷惑になっていませんでしょうか。まことにすまないことと、お会いして申しあげたいところです。明日にも合戦になるかもしれませんが、いまは私のほうも何ごともなく生き延びています。和議がなって主膳殿（小山田之知《ゆきとも》＝村松殿の息子）にも何度か会う機会がありましたが、なにぶんにもわたしのほうが取り込み中で、あまり落ち着いた話はできませんでした。わたしのほうは無事なので、どうかご安心ください。もっと詳しく書き送りたいのですが、上田に帰る人びとが立ったまま「上田への便りはないか？」と言いますので、ここまでにします。またあらためて手紙を書きますので。かしく

信繁のこまやかな気遣いが伝わる書状である。自分たちの大坂城入りおよび幕府勢との

戦いが、上田の皆さんに迷惑をかけていないだろうか。会えることなら釈明したいと、姉に書き送っているのだ。
つぎの書状（『小山田文書』）は、慶長二十年（一六一五）〇三月十日。姉の夫・小山田茂誠《しげまさ》とその子（之知）に宛てたもの。まさに文章は人がらを顕わすというべき、信繁の落ち着いた文面である。

尚々、別紙ニ可申入候へとも、指儀無之候、又御使如存候、少用取乱候、早々如此候、何も追而具可申入候、以上、
遠路預御使礼候、其元相替儀無之由、具承、致満足候、爰元おゐても無事に候、可御心安候、我等身上之儀、殿様懇比も大かたの言ニてハ無之候へとも、萬気遣のみニて御座候、一日〳〵とくらし申候、面上ニならて委不得申候間、中々書中不具候、様子御使可候、当年中も静ニ御座候者、何とそ仕、以面申承度存候、御床敷事山々ニて候、さためなき浮世ニて候へ者、一日さきハ不知事候。我々事なとハ、浮世にあるものとハおほしめし候まし

く候、恐々謹言、

三月拾日　　　　　　　　　　　　　真左衛門佐　信繁（花押）

小壱岐様

同主膳殿

【超訳】遠いところ御使者をいただき、御礼申しあげます。上田では何も変わったことがないよし、安心しているところです。わたしのほうは殿様（秀頼）が懇意にしてくださるのですが、それだけに気づかいも多い日々です。そんな毎日をただ一日一日と暮らしております。お会いできず、書面ではなかなか伝えられないこともありますが、様子はお知らせしましょう。明日の定めなき世なので、和議が破れたらわが命はないものと覚悟しています。

こまやかな気遣いがあふれる、信繁の書状

信繁はお酒が好きだったようだ。関ヶ原の仕置きで九度山に流罪になっていた時期の書状に、焼酎を所望したものがある。左京という人物宛てのこの書状は、お酒好きの諸賢におかれては、つい微笑んでしまうのではないだろうか。

「この壺に焼酎をつめてそれを給わりたい。今ころなければ、ある時でもよいからぜひ頼み入れます。むづかしくても、壺の口をよくしめて、そのうえ紙をはっておいてください。報せがあれば取りに行かせます。こんなもので申しわけありませんが、ゆかたびら一枚差し上げます。お暇の時にはちょっと顔をお見せください。どうか、壺二個の焼酎をお願いします」（高野山蓮華定院所蔵・信繁書状・抄訳）

当時の焼酎は高級酒である。一般には濁り酒がほとんどで、清酒《すみざけ》が珍重され、手のかかる焼酎はなかなか手に入らなかったようだ。「壺の口をよくしめて」とあるように、アルコールが抜けやすい蒸留酒ならではの気遣いを要したはずだ。しかしここまで念入りに指示をするのは、そうとうの酒好きだったのだろう。

九度山の信繁は、父・昌幸と軍学書を読んでは兵術談議、囲碁双六、昼には狩りや弓の稽古、あるいは近所の郷士を集めて鉄砲のかけ的をしていたというから、あまり悪い酒ではなかったのではないだろうか。とはいえ、不遇なわが身を夜の夢想に嘆き、焼酎を痛飲したことがあったかもしれない。

高野山では連歌もおぼえたようである。真田家の重臣・木村綱茂に宛てた歳暮の返礼のなかで、綱茂の連歌への興味をあげて、こちらでも時間のある時にやっているが、老いの学問なのでうまくゆかないと述べている。

大坂の陣で九度山を出るのが四十歳代だったから、この間に老いは意識したようである。当時は四十代の後半からもう「老後」というのが一般的な意識である。前出の壱岐守

焼酎の栓を厳重にするよう、酒豪ならではの依頼も

（姉の夫）に宛てた書状（『岡本文書』）につぎのようなものがある。

「とかく年のより申し候こと、口惜しく候。我々なども、去年より俄にとしより、ことの外病者に成り申し候。歯なども抜け申し候。ひげなども黒きはあまりこれなく候」（抄訳）

病気がちで、歯も抜け髭も白くなったというのだ。身体のほうも覚束ないようだが、経済的な困窮は甚だしかった。年次不詳だが、池田長門守（綱重）に送った書状に「借用金四十両壱分の内、小判十両は確かに届いた。百両の合力金の未進の内二両三分だけは届いた」とある。

この「合力金」は池田綱重《いけだつなしげ》を通じて送られていた沼田（信幸）からの支援金と解していいだろう。池田綱重は昌幸の生前は九度山にいたから、昌幸没後の書状であろう。

支援金のほかにも借用金があり、それが小判十両や二両三分という具合に、小出しで届いているのだろうか。沼田衆に無心する父・昌幸の書状も残っていることから、九度山の生活はやはり苦しかったものと思われる。

大坂の陣のとき、信繁に遣わされた豊臣秀頼の使者は、当座の資金として黄金二百枚・銀三十貫、米にして二万石をこえる金銀だったという（『駿府記』）。おそらく信繁は九度山での十四年間にわたる借金生活をこれで精算し、死に場所をもとめる覚悟で大坂城入りに応じたのであろう。信繁がその勇猛果敢さで真価を発揮する大坂の陣は、第二部をごらんいただきたい。

九度山での窮乏生活を救った大坂の陣

◘真田信繁の妻たち――二人の正室と三人の側室

きり――九度山では、立場がありそうにないヒロイン

NHK大河では、信繁の生涯のパートナーとされるのが「きり」という女性だ。

彼女は高梨内記の娘（一七三一年成立の『真武内伝』による）だが、残念ながら本名は不詳である。三谷幸喜が「きり」を「霧」から採ったのか「桐」から連想したのかはともかく、大変いいネーミングだと思う。

「きり」を生涯のパートナーに設定したのは、ある史実が根拠になっている。すなわち、彼女の父親・高梨内記が九度山に幽閉された信繁に付き添い、大坂の陣まで生死をともにした忠義の家臣だからであろう。十六人いた家臣のうち、三人しか残らなかった一人なのである。このことからも、彼女もまた愛をつらぬいたのだと解釈できるのだ。高野山の山系にある九度山に居をかまえたのも、女人の出入りが可能だったからにほかならない。

ところが、九度山に同道した女人は「きり」だけではなかった。『真田系譜稿』や『先公実録』によれば、信繁の正室である竹林院（大谷吉継の娘）も九度山に同行し、そこで嫡男・大助と次男・大八を産んでいるのだ。ここで一族は真田紐（茶道具の箱や刀の下げ緒、帯留めなどに用いる万能の紐）というオリジナル商品をつくり生活の糧としているが、その発案者は竹林院だったとされている。九度山で子供を産んだうえに、真田紐を発案して作製までしている。この竹林院の存在感は誰も否定できまい。

九度山の真田家の女主が竹林院だったとしたら、生涯のパートナー「きり」は、陰の女でなければならない。いや、竹林院だけではないのだ。信繁の三男・幸信と五女・なほ（御田姫）を産んでいる側室（豊臣秀次《ひでつぐ》の娘）も九度山にいたと考えられるのだから、九度山には真田大奥があったにちがいない。はたして家臣の娘にすぎない「きり」が、その大奥でどれほどの役割と立場を得られたであろうか――。

それだけではない。「きり」と同じような立場の女性が、信繁には存在していた。その女は高梨内記と同じく真田家臣である堀田作兵衛の娘・梅で、信繁の長女・お菊の母親でもある。この女性の兄・堀田作兵衛は信繁に従って九度山に入り大坂にも入城しているから、彼女も九度山に来ていた可能性がまったくないとはいえない。この女性は長女を産んでいることから、早世した正室だったという説もある。ドラマでは「初恋の女性」ということになっている。

いずれにせよ、正室と側室がそれぞれ子を成すという状況のなかで、「きり」の立場はきわめてショボいものとなる。したがって信繁とは人目を忍びながら逢わなければならなかったと思われる。

そうなのだとしたら、ここはひとつ、戦術家であり実戦派であった信繁の愛人らしく、「きり」には大奥ではなく戦闘シーンで頑張っていただきたい。華々しく軍装し女騎として、信繁の最前線での指揮をサポートしてもらいたいと思う。あるいは、おんな忍者として神出鬼没、味方をもあざむく活躍でなければならない。

じつは女性が合戦場で活躍するのは、戦国ゲームの専売特許ではない。中世の全般をつうじて、武士階級の女性は戦場に出ていたのだ。書かれた史料だけではなく、彼女たちの遺骨がそれを物語る。

鎌倉期の『吾妻鏡』には将軍頼家の修善寺幽閉を「十五人の女騎が将軍を先導した」という記述があり、応仁の乱を録した洞院公賢《とういんきんたか》の日記『園太暦』には「山名勢（幕府軍）猛からず、七八百騎か。そのうち女騎多し」などとあるように、女性の騎馬武者が確実な同時代史料に伝えられている。

あるいは、戦国末期の武田氏と北条氏の合戦においても、多数の女性が合戦場におもむき戦死したことが、千本松原の発掘遺骨からわかっている（詳しくは拙著『合戦場の女たち』情況新書）。ほかに、江戸崎・材木座海岸などの戦場跡からも女性の遺骨が出ている。戦国期においては武士階級にとどまらず、惣村の若者たちが戦国領主との軍事的な盟約に応じた惣村の年寄りたちの裁定にしたがい、男女の別なく従軍していたことが、これら考

「きり」には、女武将か忍者の姿がふさわしい

古学的史実に明らかなのだ。これらの遺骨は能弁な証言である。

そうであればこそ、「きり」には女武者として活躍してもらいたい。女忍者（くのいち）でもいい。彼女の産んだ三女・お梅は信繁の大坂入城に同行し、おそらく奮戦ののちに伊達政宗の家臣・片倉重長に捕らえられ、居城の陸奥・白石城に送られた（のちに重長の後妻となる）。その凛とした母親ゆずりの風情が、伊達者の心をとらえたのであろうか。

◘信繁の子の出生からみた、妻女たちの立場

それでは、すでに四人も出てきた信繁の妻女たちは、それぞれどのような立場だったのだろうか。一見して、信繁が同時期に複数の女性を愛していたことが、左記の事実からわかる。

竹林院は遅くとも一六一二年まで九度山に滞在し、ここで五人の子供を産んでいる。秀次の娘は一六一二年以前から滞在し、一六一四年までは信繁とともにあった（一男一女を出産）。「きり」が竹林院よりも早く信繁の側室となっている（ここから『真田系譜稿』な

どを根拠に、堀田作兵衛の娘を先室とする説がある）。

ともかく、「きり」が二人の娘を産んだあとに、竹林院と秀次の娘が子を成していることから、すでに信繁とのあいだに性愛関係はなかった。こうしたことから、「きり」には他の役割が与えられてしかるべきであろう。

◎信繁の妻妾たちとその子供たち

堀田作兵衛の娘（三谷脚本では、初恋の梅）

長女・お菊（すえ・石合《いしあい》重定《しげさだ》室・上田で出生）

高梨内記の娘（きり）

次女・お市（早世）　三女・お梅（片倉重長後室）

竹林院

嫡男・幸昌（大助・九度山で出生）

四女・あぐり（蒲生郷喜室）
六女・菖蒲（片倉定広室・九度山で出生）
七女・おかね（九度山で出生）
次男・大八（一六一二年に九度山で出生）

豊臣秀次の娘

五女・御田姫（なほ・一六〇四年に九度山で出生）
三男・幸信（一六一五年に京で出生）
母親が不詳の娘が二人（八女・九女）
※信繁の九度山入山は一六〇〇年、大坂入城は一六一四年。

◘竹林院――政略結婚ながら、献身的に信繁をささえる

竹林院は真田信繁の正室である。嫁いだのは天正年間末期とも文禄三年（一五九四年）

ともいわれる。石田三成の盟友・大谷吉継の娘であり、秀吉政権下での政略的な婚姻ということになる。

前述したとおり、九度山では真田紐を考案し、みずから作製して暮らしをささえた。息子の大助（幸昌）が信繁にしたがって大坂に入城したさいには「ふたたび生きて会いたいのは山々なれど、わたしたちのことは案ずることなく、お父上様と生死をともになさいますように」と語ったという。

大坂落城後、徳川家康に命じられた紀伊藩主・浅野長晟《ながあきら》に捕われるが、その後放免されて京都でおかね夫婦（夫は石川光吉）とともに暮らす。慶安二年（一六四九）五月一八日没。墓所は臨済宗妙心寺、大珠院。

信繁の子供たちは、その多くが九度山で生まれた

堀田作兵衛の娘――初恋の梅

信繁の長女・お菊の母親であること（『真田系譜稿』の記述）から、じつは正室であった可能性が高い。兄の堀田興重《おきしげ》（作兵衛を名乗る）がお菊の面倒をみて石合重定に嫁がせているので、この女性は早いうちに身まかった可能性がある。

秀次の娘――忘れ形見を生んだ女性

豊臣秀次は秀吉の甥だが、文禄四年（一五九五）に謀叛の咎で秀吉に自刃に追い込まれている（第三部を参照）。このとき秀次の妻妾および若年の子供たちも、三条河原で斬首されたという。

おそらくこの娘は、当時幼少だったので生き延びたのであろう。信繁とは九度山で結ばれ、十年あまりのあいだに一男・一女を成している。大坂の陣のおりには、秀次の母・とも（瑞龍院）のもとに身を寄せて難をのがれたという。出羽亀田藩主の『岩城家文書』に、隆清院と法号が残されている。

◘信繁の子供たち

お菊

母は堀田作兵衛の娘で上田で生まれ、伯父の作兵衛興重に育てられた。信繁の書状などから、「すへ」という名がわかっている。

お市

母は高梨内記の娘（ドラマでは「きり」）。上田で生まれ、信繁とともに九度山に入ったが、そこで早世した。

お梅

母は高梨内記の娘（きり）。信繁の大坂入城に付いていったが、落城の前に伊達氏重臣・片倉小十郎重長に生け捕られた。のちに重長の継妻となったが、子には恵まれなかった。白石市の当信寺に墓所がある。

あくり

母は竹林院。蒲生氏の一族・蒲生郷喜（陸奥三春城主）に嫁いだ。

幸昌・大助

信繁の長男で、母は竹林院。九度山で出生した。大坂夏の陣では信繁とともに戦い、最期は秀頼の身辺にあったという。享年十六歳。その活躍のほどは、ともに参戦した山口休庵が『大坂御陣山口休庵咄』に記している（第二部参照）。

御田姫・なほ

母は豊臣秀次の娘（隆清院）。慶長九年（一六〇四）九度山で生まれる。大坂の陣にさいしては、曾祖母にあたる瑞龍院（秀吉の姉）のもとに身を寄せた。岩城宣隆（出羽亀田藩主）に嫁し、二男・一女を生んだ。寛永一二年（一六三五）没、法号は顕性院。供養のために、亀田城下（由利本荘市）に妙慶寺が建立された。亀田藩の歴代藩主は、この人の血を引いている。

菖蒲

母は竹林院。九度山で生まれ、お梅（信繁の三女）のもとに身を寄せた。伊達氏家臣の田村定広に嫁したが、寛永一二年没。

おかね

母は竹林院。九度山で出生し、石川貞清（＝光吉。犬山城主で豊臣家代官）に嫁した。その後、貞清は京で金融業をいとなみ、龍安寺大珠院に信繁や竹林院の墓所を建立した。

守信・大八

母は竹林院で、慶長一七年（一六一二）に九度山で出生。京で死んだとされるが、これは偽装だった。お梅のもとに身を寄せ、片倉守信と称して三六〇石を与えられた。寛文十年（一六七〇）没。

幸信

母は豊臣秀次の娘。元和元年（一六一五）に京で生まれ、曾祖母の瑞龍院のもとで育てられた。幼名は三好左次郎。同腹の姉。御田姫が出羽亀田藩に嫁したので、同道して亀田藩士となり、三八〇石の扶持を与えられた。寛文七年（一六六七）没。

八女・九女

紀伊の女性との間に、八女。青木次郎右衛門に嫁したとされる。早世した九女があったという。

■信繁の親族たち——真田丸を操った男たちの肖像

真田昌幸——信繁の父親にして戦国有数の智将

武田信玄の奥近習だった来歴は、前述のとおり。若くして信玄の目にかない、父・幸隆や兄の信綱、昌輝とともに、武田二十四将に数えられるようになっていた。その昌幸に、真田家の家督を継ぐ運命がめぐってきた。真田丸の実質的な船頭であり、上杉・北条・徳川の関東三国志の只中を乗りきった一門の大黒柱である。

信玄の時代、信長・秀吉の時代、そして家康の時代を「表裏比興の者」として逞しく歩んだ足跡、真田丸の船頭としての航跡はまちがいなく、本書の全般において昌幸のものである。

◉真田信幸（信之）――家康を唸らせた俊英

父・昌幸とともに天正年間の激動を乗りきった、真田丸を先頭でささえた俊英である。俊英と表現したのは、家康がその才能を認めたとおり、武辺のことのみならず事務能力や外交手腕に秀でていたからにほかならない。徳川氏に従ってからは、名を信幸から信之としている。

残された甲冑から採寸された身の丈は、じつに一八五センチを超えている。小柄だったと証言のある信繁とは、まったく姿形がちがうことになる。合戦や外交で活躍したシーンの多さ、長さにおいて信繁を数倍するものがある。まさに父・昌幸の智謀を継いだのは信幸である。ここでは、信幸の息づかいが感じられるものを紹介しておこう。

左は江戸時代になってからの書状である。元和八年（一六二二）十月十三日付、信幸が上田から江戸に呼び出され、松代へ転封を命ぜられたとき、帰国の途中に鴻ノ巣宿から、出浦昌相《いでうらまさすけ》に宛てた書状である（長野市松代・矢野磐氏蔵）。

尚々、我等事もはや老後に及び、万事入らざる儀と分別せしめ候へども、上意と申し、子孫の為に候条、御諚に任せ松城へ相移る事に候。様子に於ては心易かるべく候。以上。

去る十一日の書状鴻巣（武蔵）に参着、披見候。仍って今度召しに付いて、不図参府仕る処に、河中嶋に於て過分の御知行拝領せしめ候。殊に松城の儀は名城と申し、北国かな目の容（要）害に候間、我等に罷り越し御仕置き申し付くべきの由、仰せ出だされ候。彼の表の儀は拙者に任せ置かるるの旨、御直に条々、御諚候。誠に家の面目外実共に残る所なき仕合せにて、今十三日鴻巣に至って帰路せしめ候。先づ上田迄罷り越すべく候間、其の節申すべき事これ在ある儀、一角所迄遣わされ候。祝着に候。猶、後音を期す。謹言。

伊豆守

十月十三日　　信之（花押）

出浦対馬守殿

【超訳】さる十一日に鴻巣《こうのす》で書状を受け取りました。このたび、お召しにより江戸に出向いたところ、川中島の松代に過分の領地をいただくことになりました。松代城は名城といわれている北国の要の城であれば、われらが赴任して政務を取り仕切るよう、直々に将軍から仰せつけられたのです。まことに家の面目がほどこされる幸せで帰路につき、この十三日に鴻巣に着いたところです。まず上田まで行くので連絡をしたのですが、また追って連絡します。
なおなお、もはや自分も老後におよび、必要のないこととは思うのだが、これは上意でもあり、子孫のためでもあるので、命令どおり松城へ移ることにしました。そんな様子なので、どうか心配しないでほしい。

書状の「尚々《なおなお》」は「追って書き」といって、現代文の「追伸」にあたるものだが、ここに書き手の本音が書かれる場合が多い。本文は「去る十一日」からの要件をつたえる部分である。したがって、要件を伝えたうえで「じつは、もう老後なので云々」と愚痴っているのがよくわかる。長く生きた者（信幸は満九十二歳まで生きた）の宿命である。

◘信繁の甥たち

信吉

信幸の嫡男で、孫六郎と呼ばれた。大坂の陣に父に代わって参陣した。元和八年（一六二二）の真田家松代移封のとき、独立して沼田藩主となる。寛永一一年（一六三四）没。

信政

信幸の次男で、松代分家藩主を経て沼田四代藩主、のち松代二代藩主となる。大坂の陣では父・信幸に代わって参陣する。

沼田藩主時代に新田開発を行ない、領国経営に成功している。松代でもその行政手腕が期待されたが、万治元年（一六五八）に死去した。

●小松殿（大連院）――真田丸の耀ける女傑

信幸の正室で、父親は本多忠勝。幼名を稲姫・おねい。徳川家康（秀忠説あり）の養女として、沼田城主時代の信幸に嫁した。性格はいたって勝気、かつ思慮ぶかいとされている。

関ヶ原合戦を前に、西軍に与した昌幸が孫の顔を見たいと沼田城に寄ったところ、小松殿は信幸の留守中に舅といえども敵方の武将を城内に入れるわけにはいかないと、これを断わった逸話は真田丸の見せ場だ。その後、城外で昌幸に孫を会わせた思いやりが、女城代の判断にかがやきを添えている。

自分になかなか子供ができなかったので、信幸に側室をとることを勧めたという。また、晩年には「そろそろ京都の人を迎えてはいかがですか？」と信幸に、小野お通《つう》を上田に迎えるよう言ったとされる。信幸とのあいだに、信政・信重・まん（高力忠房室）・まさ（佐久間勝宗室）を成している。

江戸在住の元和六年（一六二〇）二月二十四日、草津温泉に湯治に向かう途中、鴻巣で亡くなった。夫・信幸は「わが家から光が消えた」と言って悲しんだ。墓所は鴻巣市勝願寺、沼田市正覚寺、上田市芳泉寺。上田城内には、彼女が使用した駕籠が展示されている。

小野お通――戦国一の才媛、信幸の愛人説も

戦国一の才女。箏曲・書道・詩歌の名手にして、『浄瑠璃物語（十二段草子）』を著わした女流作家、後水尾帝の中宮・東福門院和子に仕えたとされる女官。織田信長や豊臣秀吉に仕え、あるいは狩野光信《かのうみつのぶ》に絵画を学んだという。

その異才はさまざまに伝わるが、実体がよくつかめない女性である。にもかかわらずここで取り上げたのは、他ならぬ真田信之（信幸）と書状の交換があったからである。まぼろしの才女は、実在していた。

元和八（一六二二）年十一月十八日付、信幸書状である。

「もはや　国もかうりもそこから　をもしろく候はず候　御すもし候であはれとせめてをぼしめし事由々候へ其　筆にのこし申し候　かしく

さな田　いつみのかみ　霜月十八日
おつう様　参る」

信幸五十六歳のときの書状である。この二年前に小松殿を亡くしていることから、世の中がおもしろくなくなった、哀れだと思ってくれたらなどと嘆いている。

なお、小野お通に関するまとまった本としては『小野お通――歴史の闇から甦る桃山の華』（小涼一葉、河出書房新社）がある。

宗鑑尼――お通の存在と足跡を印象づける才女

小野お通の娘といわれている。名をお犬、お伏。箏曲や書道など多芸に通じ、国子、円子とも称した。信幸の次男・信政の側室となって、信就《のぶなり》を産んだ。八橋流の箏曲を八代に伝えた。練馬区桜台の広徳寺桂徳院に墓所がある。信就の七男が松代藩主四代になっている。

●信繁の母と祖母

母・山手殿（三谷脚本では「薫」）

真田昌幸の正室。出身は諸説あり、父親を京都の菊亭晴季とするのが有力だが、昌幸とは身分的につり合わないので、その縁者ではないかと思われる。京之御前様と呼ばれたことからも、公家の縁者と考えてよいだろう。

昌幸が宿泊していた高野山蓮華定院に残る記録に「武田信玄公養女」とあるから、公家の娘を信玄が養女にしたうえで、昌幸と縁組みさせた可能性がある。ほかに宇多頼忠（信濃の武将）とする説（『尾張藩石河系図』など）、遠山右馬亮（甲斐の武将）とする説（『沼田記』）もある。

山手という呼び名は、居住した地名であろう。ただし、武田氏の時代は新府城に人質として住まい、織田勢が甲斐に侵入したときは九死に一生をえて上田に脱出している。

長女・村松殿、長男・信幸、次男・信繁を産んだ。関ヶ原の合戦のさいに石田三成によって大坂城に人質とされるも、河原綱家《かわはらつないえ》に救われている。昌幸と信繁が九度山に幽閉されたさいは信幸のもとに残り、のちに出家して寒松院と改めた。出家後は大輪寺で暮らす。慶長一八年（一六一三）六月三日没。

祖母・河原隆正の妹（三谷脚本では「とり」）

出家して恭雲院。兄の河原隆正《かわはらたかまさ》は、海野棟綱の家老だった。幸隆とともに関東管領上杉家を頼ったが、のちに武田信玄に帰属している。

海野の分家である真田家への輿入れは、一門の結束という政略婚だったが、幸隆とは信綱・昌輝・昌幸・信尹、および二人の娘を成した。夫婦円満がうかがわれる。真田氏の菩提寺である長谷寺には、没年は天正二〇年（一五九二）五月二十日とある。

◘信繁の大小父・伯父（昌幸の兄弟）たち

矢沢頼綱《よりつな》・頼康《よりやす》父子

矢沢頼綱は真田幸隆の弟である。信濃の豪族・矢沢氏の地盤を継承したものと思われる。

沼田城代・岩櫃城代として真田家をささえ、一族をあげた合戦ではつねに先鋒として活躍した。群馬県中之条町にある林昌寺を創建している。

矢沢頼綱の嫡男が頼康であり、真田昌幸には従兄弟にあたる。生まれは天文二二年（一五五三）、元和六年（一六二〇）まで生きた。

天正一三年（一五八五）に信繁が上杉家に人質になるとき、警護役として同道した。同じ年の第一次上田合戦では、上杉景勝からの援軍とともに矢沢城に立てこもって、依田《よだ》信蕃《のぶしげ》の軍勢をしりぞけた。さらに追撃戦では大久保忠世らを蹴散らす活躍をみせた。関ヶ原の合戦のあとは当主となった信幸に仕え、大坂の陣では信幸の代わりに出陣した信吉（信幸の嫡男）信政（次男）らを補佐した。頼綱の系譜は松代藩の家老職を世襲し、近世にいたる。松代に矢沢家の表門（指定文化財）が残っている。

常田《ときた》隆家《たかいえ》

幸隆の末弟。兄に従って各地を転戦し、上野長野原城主となる。元亀三年（一五七二）七月八日に、上州（沼田）在番の上杉勢に攻められて討ち死にした。上田市の月窓寺に高家の墓がある。

伯父・真田信綱《のぶつな》

幸隆の長男。母親は幸隆の正室・河原隆正の妹。幸隆とともに武田信玄に仕え、天正二年（一五七四）に幸隆の死をうけて真田家当主となる。翌年、長篠の合戦で奮戦のうえ討ち死に。信綱が再興した上田市の信綱寺に墓がある。娘が真田信幸の側室となり、信吉を産んでいる。

伯父・真田昌輝《まさてる》

幸隆の次男。信綱と同じく、母親は河原隆正の妹。永禄一二年（一五六九）、信玄が小田原城を包囲したときに、北条氏を攻めて功績があった。長篠の合戦で信綱とともに討ち死に。福井県の西墓地に墓があるのは、長男の信正が松平忠輝・松平忠昌・本多忠国に仕えたからである。

叔父・真田信尹《のぶただ》（信昌）

幸隆の四男。通称は市右衛門、隠岐守。武田氏滅亡後に北条氏に仕え、その後徳川家康に従った。徳川では旗本として四千石、旗奉行を務めている。大坂の陣では、信繁に退城の勧告を行なっている。寛永九年（一六三二）、八十二歳で没。甲斐長坂（北杜市）の龍眼寺に墓がある。

◘信繁の兄弟姉妹

姉・村松殿＝ドラマでは「松」――信繁が最も信を置いた実姉

母親は昌幸の側室・遠山氏との説もある。永禄八年（一五六五）生まれ。信繁の生年を永禄一三年とすると、五つ年上ということになる。信幸も永禄九年生まれと年下なので、真田兄弟たちを見守る姉である。

村松殿という呼び名には二つのいわれがあり、ひとつは越後村松に住んだというもの。もうひとつは、信濃小県郡村松に領地を与えられたからというもの。戦国時代に女性が領地を与えられるのは決して珍しくないので、越後在住説よりも小県郡村松の由来が合理的であろう。というのも、甲斐の出身で小山田家を継いだ小山田茂誠《しげまさ》に嫁しているからだ。

小山田茂誠はこの縁戚化で、真田昌幸の重臣となる。

元和元年（一六一五）一月二十四日、信繁は村松殿に書状を送っている。村松殿の息子・主膳と会ったことを知らせている。信幸との書状の往復もある。

妹・真田幸政の妻

母親はわからない。幸政とのあいだに長男・幸信をもうけたが、幸信には子がなかった。明暦三年（一六五七）四月二十八日に没し、江戸渋谷にあった大安寺に葬られた。

妹・鎌原《かんばら》重春《しげはる》の妻

母親は綿内兵庫頭の娘といわれている。嫁いだ鎌原重春は真田家の家老職。元和五年（一六一九）に没した。

妹・保科正光《ほしなまさみつ》の妻

母親は不詳。信濃高遠藩の保科正光に嫁した。慶長一五年（一六一〇）十月二十日に亡くなった。墓地は高遠の満光寺。

妹・滝川一積《たきがわかずあつ》の妻

母親はわからない。宇多頼次に嫁したが、頼次が関ヶ原合戦の佐和山城攻めで討ち死にしたため、幕府旗本の滝川一積と再婚した。寛文六年（一六六六）五月十三日に亡くなる。墓地は京都の妙心寺。

弟・昌親《まさちか》

母親は不詳。通り名は内匠《たくみ》。昌親の三男・信親が松代藩主・真田幸道から三千石を分知されて幕府旗本となった。

弟・信勝

母親はわからない。通り名は左馬助。牧野康成を妻に、幕府旗本となる。慶長一四年（一六〇九）に他の旗本と刃傷事件を起こして出奔。同年六月十九日に没した。

妹・妻木《つまき》重直《しげなお》の妻

母親は平原彦次郎の娘といわれる。幕府旗本・妻木重直の妻となる。次男・幸頼が真田幸政の養嗣子となっている。重直は寛文二年（一六六二）から同十年まで、幕府勘定奉行を務めた。

●真田家臣団──赤備えの勇者たち

　ここに挙げるのは、天正八年に真田昌幸が武田勝頼の上野遠征に従ったときの陣立である。真田勢三千とも三千五百ともいわれる陣容がこれだ。

　武田勢が全体として一万五千とも三万ともいわれる中で、この時期の真田一門は中核的な戦力だったことが、その圧倒的な兵力から想像できる。上州は真田一族にとって、信州真田（上田の北方に真田館があった）とともに重要な拠点となる地である。武田軍団の先方衆として、つまり先陣として勇躍行軍する真田勢の姿がほうふつとされる。

　そして天正十年（一五八二）の武田氏滅亡により、真田一族はその精鋭を抱えることになっていく。鬼美濃と呼ばれた原昌胤《まさたね》の子・原三左衛門《さんざえもん》、内藤修理昌月《まさあき》の子・内藤五郎左

武勇と智謀の者たち

衛門、小山田治左衛門茂誠、小幡信真の子・小幡将監。ほかにも小県郡の小領主が少なからず被官となった。

◘天正八年の真田軍団——『加沢記』による

先陣＝沼田衆（七百騎）

真田信尹・海野中務・金子泰清・久屋実秀・渡辺綱秀・西山貞行

宮下喜内・加沢助左衛門（旗奉行）・湯本三郎左衛門（目付け）

前備え（五百騎）

中山景信・鎌原宮内・和田主水・下沼田泰則

左右の脇備え（五百騎）

海野七左衛門尉・湯本左京進・加茂大膳・春原勘左衛門・横谷掃部介

富沢伊予守・津久井刑部左衛門

旗本（百五十騎）

矢野半左衛門・白倉武兵衛・赤沢常陸介・佐藤豊後守
塚本舎人助・三橋甚太郎

馬廻り＝上田衆（五百騎）

丸山土佐守・深井三弥・大熊五郎左衛門尉・川原左京・木村戸右衛門

本陣

真田信尹・海野大輔・金子美濃守・久屋三河守
宮下喜内・加沢助左衛門（旗奉行）

後備え＝吾妻衆（五百騎）

植栗河内守・久屋左馬允・尻高左馬介・原沢大蔵

三千の真田勢に武田遺臣団が加入し、戦国最強の精鋭部隊が形成される

小荷駄奉行＝吾妻衆

山越左内・割田下総・上原浅右衛門・一場太郎左衛門

御使番

宮下藤左衛門・唐沢玄允・荒牧宮内左衛門

沼田城留守居役

海野能登守・下沼田道虎

中山城番

中山左衛門尉

川田城番

深津二郎兵衛

慶長一九年（一六一四）、真田信繁が九度山を脱出して大坂に入城したとき、嫡男大助、青柳千弥（清庵）、高梨采女（内記）、三井豊前らの近臣が随行したとされている『原文書』。

さらに『九度山町史』には「一部郎党や他に九度山付近の村々から高野庄官家の名倉村

亀岡師、中飯降村高坊常敏、田所庄右衛門、政所別当中橋弘高、学文路村地侍平野孫左衛門、丹生川村地侍小松盛長ら、日ごろから馴染みの深い多数の地侍が加わっていました」とあり、信繁の九度山での地侍との付き合いが大坂入城の兵力になっていることがわかる。

それでは実際に信繁が大坂に入城したときの兵力は、どのくらいだったのか？　これには、大坂方として参陣した山口休庵の『大坂御陣山口休庵咄』から証言を得よう。

「真田左衛門佐人数六千ばかり相具し大坂城へ籠り申候、これは真田安房守と申す関東大名の子にて御座候、関ヶ原以後浪人、高野に籠り在り」

じつに、六千の軍勢をひきいての入城である。そのほとんどが浪人であろう。関ヶ原の合戦から十四年を経ていたが、浪人はとくに畿内に多くあふれていた。禄をうしない細々と暮らしてきた浪人たちには、大坂の陣は千載一遇の好機だった。

休庵の回顧録とはいえ、くわしく信繁の履歴を紹介しているところは、上方では真田一族の名前がそれほど知られていなかったからだろうか。やがて全国から浪人衆が集まると、真田の武勇を知る者たちから、二次にわたる上田合戦への讃辞が贈られ、城内が活況を呈したのは想像に難くない。

いっぽうの徳川方は、真田信繁の動向に敏感だった。信繁が大坂城に入る前日（慶長一九年十月十三日）には、金地院崇伝《こんちいんすうでん》が本多正純に「高野山の文殊院殿から、真田左衛門佐が大坂に入ったと伝えてきたので、上様（家康）にお知らせください」と伝えている（『本光国師日記』）。本多正純も翌日には、藤堂高虎にこれを伝えている。家康も信繁の大坂入城をリアルタイムで知ったことだろう。

そのとき、家康はガタガタと震えながら「それは親（昌幸）のほうか、息子（信繁）のほうか」と問い、信繁（幸村）であることを知って安堵した、という逸話が軍記書に載っているが、もちろん後世の創作である。

それにしても、後世の幸村こと真田信繁の兵力は、徳川方を震撼させるに十分だった。ふたたび山口休庵に証言してもらおう。

「のぼり・指物・具足・甲・ほろ以下、上下ともに一色赤のいで立ちにて御座候、馬印は金のふくべ（瓢箪）にて御座候」

どこで調達したのか準備していたのか、信繁の真田軍団はまぎれもなく赤備えだったのである。金の瓢箪を馬印にするとは、すなわち亡き太閤秀吉の威光と秀頼の名代を顕わすものにほかならない。その報告を受けたとき、家康は悪夢の再来を予感したに違いない。

最後は真田丸に登場する家臣を、何人か紹介しておこう。

出浦昌相《いでうらまさすけ》

盛清ともいう。もとは村上義清の一族で、やがて武田信玄の家臣となる。スッパの頭目として働いたとされ、武田氏が滅びると織田家臣の森長可に仕えた。

真田昌幸の配下になったのは、天正十一年（一五八三）のこと。

岩櫃城を拠点に、忍者たちの情報戦を差配したというが、天正年間は武者奉行（本陣を固める侍の取りまとめ役）を務めている。岩櫃城城代のときに吾妻奉行を拝命。第一次上田合戦において、昌幸と櫓の上で囲碁をした来福寺左京は、盛清の参謀といわれている。息子の出浦幸吉がのちに、真田信幸の家老となる。

小山田治左衛門茂誠

昌幸の娘婿（村松の夫）。九度山の昌幸・信繁と頻繁に書状を交わしている。国許にあって、真田父子の最も信頼できる家臣だった。

高梨内記

「きり」の父親。昌幸・信繁父子が九度山配流になったとき、つき従った十六人の家臣の内の一人。青柳清庵とともに、真田大助（幸昌）の家老格として、信繁の大坂城入りにも従う。討ち死にをとげた。

堀田作兵衛

子の堀田興重も作兵衛を名乗った。その作兵衛が信繁の娘お菊の面倒をみて、石合重定に嫁がせている。真田昌幸・信繁の九度山蟄居に同道する。

唐沢玄藩《げんば》

信濃伊那郡沢渡村の出身で、忍者をひきいた。永禄八年（一五六五）の上州嶽山城攻めで父・杢之助が討ち死にし、武田信玄が玄藩（当時は於猿）に感状を出している。長篠の合戦にも参加し、武田氏滅亡後に真田昌幸に仕えた。関ヶ原の戦い以降は、信幸に仕えている。

鈴木重則《しげのり》

鈴木主水《もんど》の名で有名。越後の出身で、真田昌幸に仕えた。千人を指揮する足軽大将だったという。名胡桃城主を務めていたが、北条氏の家臣・猪俣邦憲の謀略で城を奪われ、正覚寺で自刃した。

家康を震撼させた、真田信繁の赤備え軍団

第二部

真田の戦略・戦術

●真田の篭城戦術

織田信長なき織田勢が甲信地方から駆逐されたのち、天正壬午《てんしょうじんご》の乱は戦国時代を終わらせた合戦だと言われている。天下の大勢が豊臣秀吉の支配に決し、あとは南九州・関東・奥州の仕置きを残すだけとなったからだろうか。あるいは天下人の統制力のなかで、かりに支配者が変転したとしても、秩序が紛争を制動するようになったからだろうか。

いずれにしても、天下平定という言葉が具体的になったこの時代に、しかし真田一族（真田丸）にとっての正念場が待っていた。それは二つの意味で真田一族にとって、否が応でも強いられた試練だった。

そのひとつは、甲（徳川）・相（北条）・越（上杉）に囲まれた信州という政治的位置だが、これはどんな地方でも大なり小なり引き受けざるを得ないものだ。もうひとつの試練とは、真田一族が一個の大名として自立したからにほかならない。

●第一次上田合戦

天正壬午の乱で最初は北条氏に、ついで徳川氏に付いた真田一族は、両者の和議盟約によって沼田領を北条氏に割譲するよう徳川家康から要求された。祖霊の地という名目でこれを断わったものの、同盟の証しに血祭りに上げられるのは必定となった。

さきに調略の手を伸ばしてきたのは徳川家康だった。天正壬午の乱のさなか、真田一族が室賀正武という北信濃の国人領主を攻め、それを配下に加えていた。室賀正武は真田一族の軍門に下るのが不本意だったようで、家康のもとに使いを出して恭順の意をしめしたのである。家康はこれをよろこび、助力を条件に昌幸を暗殺するよう命じた。

天正一二年（一五八四）、室賀正武は上田城に招かれる機会をとらえて、一門の室賀孫右衛門を鳥居元忠（家康家臣）のもとに派遣して、真田討伐の軍勢を起こすよう伝えた。ところが、この孫右衛門は昌幸から室賀一門の動きを伝えるよう、あらかじめ真田一族に内応している者だった。それと知らない正武はまもなく徳川勢が押し寄せるものと思い込み、少数の家臣をつれて上田城に入った。書院に通された正武は、控えの間に身構えていた真田の者たちに斬り捨てられたという。

暗殺の失敗をさとった家康は、翌天正一三年に兵を動かした。信州に入ったのは、鳥居元忠・大久保忠世・平岩親吉・柴田七九郎、および信濃衆をふくむ七千の軍勢である。対する真田一族は上杉からの援兵、領内の農兵を合わせても三千に満たない数だった。『上田軍記』の記述をもとに、この合戦に真田信繁（幸村）が参加しているように描く小説やドラマは少なくないが、当時の弁丸（信繁の幼名）は上杉家に人質の身であり参加は無理である。

合戦の態様は『三河物語』（大久保彦左衛門忠教《ただたか》＝幕閣・大久保忠世の弟）と『上田軍記』（江戸中期の真田氏文書）にくわしい。ここではより時代が古く、したがって信憑性のある大久保彦左衛門の証言を採用したい。

八月二日、徳川勢は上田城下の三方向から攻撃に入った。彦左衛門らは城下に火をかけようとしたが、柴田七九郎がこれに反対した。火をかければ、攻め込んだ味方が出られな

第一次上田合戦図

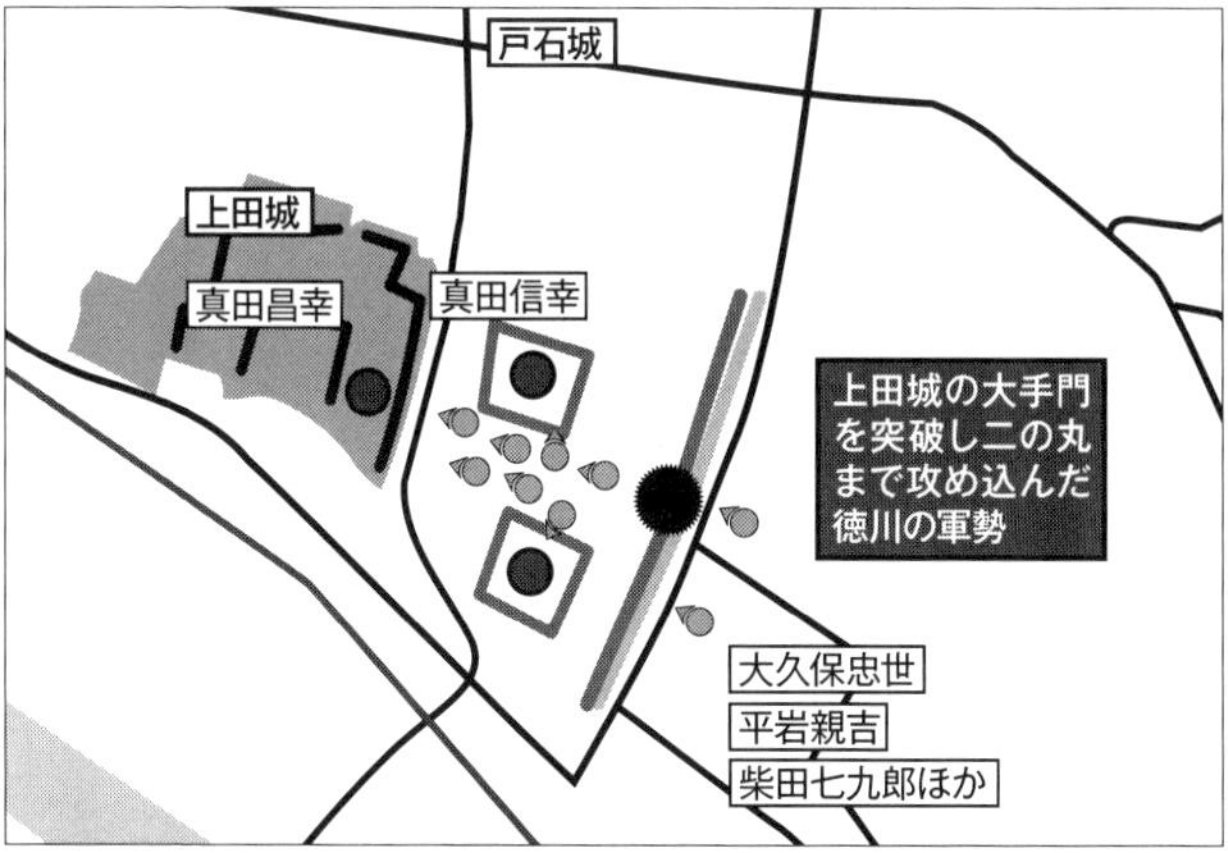

くなるというのだ。彦左衛門は『三河物語』のなかでこれを批判している。城下を焼き尽くしてから城を攻囲するべきだったなどと、彼は結果論を言いたいようだ。じっさいの結果が悲惨だったからだろう。徳川勢は城壁の下まで攻め込んだが、大軍が狭い場所にひしめき合っているところに、突如として鉄砲が放たれた。隠れていた伏兵も鉄砲を放ってくる。大損害を出した徳川勢は四散し、迷路のような路地に追い込まれてしまった。路地にめぐらされた柵を突破しても、そこは行き止まりだったり増水した川だった。飛び出して射殺される者、川に飛び込んで溺死する者、その惨状は目をおおうばかりだ。

徳川勢は、現地での部隊編成にも失敗していた。大久保彦左衛門は、朝から戦っていた老練な兵たちがどこに行ったかわからなくなり、代わりに集めた兵は指揮者の下知に従わない、とその惨状を書きしるしている。平岩隊の尾崎左衛門という者がその部隊編成の失敗を口にし、自分はここで討ち死にすると彦左衛門に叫ぶや、その場で討たれてしまった。

鳥居元忠の隊は高い場所を退却していたが、そこに戸石城から出張ってきた真田信幸の軍勢が襲いかかった。小見孫七郎という者が身をふせて長槍をしのばせ、真田勢が至近距離に来たときに立ち上がって奮戦し、鳥居隊が撤退する犠牲になった。

大久保隊は何とか退却に成功したが、それでも三百余人が討たれていた。真田勢が国分寺の東にある神川に徳川勢を追いつめようとしてきたので、大久保忠世が平岩親吉に向かって、川をわたって軍勢をととのえようと呼びかけた。平岩が返事をしないので、大久保は立腹して鳥居元忠におなじ依頼をしてみた。だが、鳥居もそれどころではないのか黙っている。そこで保科正直に呼びかけたところ、保科はふるえて声も出せない様子だ。

そこに、彦左衛門が「兄上、はやく鉄砲隊を出してくれ」と叫んだが、大久保忠世は「玉薬がない」と答える。はげしい兄弟問答のすえ、兄の「味方が腰抜けで敵の前に出ようとしない。そう言うのは恥ずかしいから、弾薬がないと答えたのだ」というオチがついている。彦左衛門たちが苦戦している頃、『上田軍記』によると、昌幸は櫓にのぼって甲冑も着けず、禰津《ねず》長右衛門・来福寺左京らを相手に碁を打っていたとするが、これはあまりにも余裕ありすぎの創作であろう。

けっきょく、徳川勢は千三百が討ち取られ（真田信幸書状）、真田側の死者はわずか十名だったという。徳川・真田双方の史料から、信幸のきわだった活躍が伝わっている。この結果を聞いて、家康は信幸を味方の陣営に引き入れよう（本多忠勝の婿に）と考えたのである。

大混乱におちいり、敗走する徳川勢

古来、篭城は最悪の戦術と評されることが多い。上杉という同盟軍が背後にあるとはいえ、上田城は普請もなかばの小城である。苦戦は必至と思われたが、昌幸の篭城戦術の完勝に終わった。

翌日、徳川勢は千曲川を渡って、八重原という台地に陣を張った。そして南にある鞠子《まるこ》城(真田の属城)に兵をすすめた。篭城戦術を破るには、本城をとりまく支城を一つひとつ落としていくのが確実な方法である。真田勢もこれを追って、背後から徳川勢をうかがう。しばらく動かないまま、閏八月十九日に至って両軍は干戈《かんか》をまじえた。二十日には両軍の主力が戦ったが、鉄砲や矢をはなつ遠戦に終始した(『上田軍記』鞠子合戦)。

徳川勢はついに真田方の城をひとつも落とせないまま、九月には佐久方面に陣を張って捲土重来を期した。だが、十月はまるまる何ごともなかった。思ってもみない長陣である。あるいは本国からの援軍を待っているのではないかと、真田側をして上杉景勝への援軍増派に走らせた。

ところが十一月中旬になると、突如として徳川勢が兵を引いたのだ。昌幸は上杉の家老・

直江兼続《なおえかねつぐ》にこう書き送っている。

「指置候平岩七之助・芝田七九・大久保七郎右衛門尉、何をも遠州ニ召し寄せ候由、如何様之致ニ相談候哉、不被存候……十一月十七日」（『柳島文書』真田昌幸書状）

ここまで指揮を執ってきた三人の徳川勢の三将が突然遠江に召喚され、何ごとか相談しているらしいのだが、まったくわからない。と訳せばよいだろう。ようするに、突然撤退したので驚いているのだ。じつはこのとき、徳川家では大きな事件が起きていた。石川数正の豊臣家への出奔である。

こののち、昌幸がより頼りになる豊臣秀吉の臣下に入るのは周知のとおり。そして目覚ましい戦いぶりを見せた信幸には、徳川家康から本多忠勝の婿養子にという話が持ち上がる。ふたつの外交戦略はいずれも、真田一族が徳川を破って天下に名を成した証しである。

敗残の徳川勢、突如として撤退

◘第二次上田合戦

第二次上田合戦は、そのまま「信州の関ヶ原合戦」というべきであろう。関ヶ原の合戦は美濃関ヶ原での戦いだけではなく、全国各所で戦われているからだ。

出羽においては上杉と最上のあいだで戦われた「北の関ヶ原」があり、陸奥（白石）においても伊達と上杉が戦っている。北陸でも東軍の前田利長が、西軍の丹羽長重らと戦っている。伊勢でも津城をめぐって戦いがあり、前哨戦は伏見城であった。九州においては黒田官兵衛と加藤清正が西軍に与した諸城を軒並みたいらげる、「九州の関ヶ原合戦」があった。

そのなかで、大将戦ともいうべき濃州関ヶ原合戦に最も直結した戦いが、徳川秀忠を迎え撃った第二次上田合戦だった。関ヶ原の合戦にいたる政治過程をおさらいしておこう。

●慶長四年（一五九九）

閏三月三日

大坂で加藤清正・福島正則・黒田長政ら七将が石田三成の屋敷を囲んだ。三成は佐竹義宣に助けられ、伏見城の家康の屋敷に駆け込む。その後、奉行を解任され佐和山に蟄居する。

十三日

家康が伏見城に入り、奉行の前田玄以と長束正家を排除する。家康の独裁体制がはじまった。

二十一日

家康が毛利輝元と起請文を交わす。家康を「父兄」とし、輝元を「兄弟」とする（家康が上位の関係）。

九月九日

家康暗殺計画が発覚。大野治長・土方雄久らが摘発される。前田利長（利家の息子）に黒幕の疑義が向けられ、利長は母親を人質に差し出して弁訴し、何とか家康にゆるされる。

十月

家康が大坂城の西ノ丸に入る。北政所は城外へ。

慶長五年（一六〇〇）

正月

宇喜多秀家の家中で派閥騒動が起きて、家康と大谷吉継がこれを仲裁する。宇喜多家中の混乱は収まらず、秀家は岡山に帰国を余儀なくされた。これで、五大老（徳川家康・前田利長・毛利輝元・上杉景勝・宇喜多秀家）のうち三人までが、家康にしたがう格好になった。残るは上杉景勝だけだ。

三月十一日

上杉景勝の家臣・藤田信吉（元北条氏配下）が出奔し、秀忠に景勝謀叛の疑義を注進する。これを受けて、家康が景勝に上洛を命じる。

四月
家康の使者が会津に向かい、景勝の返答を受け取る（上洛拒否の「直江状」）。
六月二日
家康が上杉征伐を命じる。
十八日
家康が大坂を出発。
七月
大谷吉継が三成の佐和山城に入る。
七月十七日
石田三成が挙兵し、諸大名に家康の罪を糾す書状「内府ちかひの条々」（三奉行連署）を送る。
十九日
西軍の伏見城攻撃がはじまる（八月一日に攻略）。

二十一日

真田父子、犬伏の別れ（名シーン）。

二十五日

家康の小山評定。従軍の諸将に、東西いずれに付くかを問う。

三十日

三成から昌幸・信繁に書状。

八月十日

三成が大垣城に入る。

二十三日

福島正則・黒田長政・藤堂高虎らの東軍、織田秀信の岐阜城を落とし、赤坂に進出して家康の到着を待つ。

二十四日

徳川秀忠が宇都宮を出発し、九月二日に中山道をそれて小諸城に入る（上田城攻撃のため）。

九月三日

信幸が昌幸に降伏を呼びかけると、昌幸はこれに応じる用意があると回答。しかし、これは昌幸の時間稼ぎだった。昌幸は「こちらも合戦の準備がととのったので、ぜひとも一戦交えよう」などと、秀忠に申し寄越してきたという。さすがに、おとなしい秀忠も激怒！

五日

秀忠が上田城攻撃に着手する。徳川勢は三万八千の大軍であった。

九月六日、徳川秀忠は染谷台地に陣をかまえて、上田城を完全に包囲した。徳川勢が稲を刈り取りはじめたところ、真田の城兵が数十ほどで妨害に出てきた。これが最初の接触

天下分け目の決戦に、東西に家運を分ける

だった。徳川勢はこの城兵を討とうと追いかける。追いかけて城壁の下に密集した徳川勢は、城内からの一斉射撃で損害を出して撤退した（『異本上田戦記』江戸中期）。これでは第一次上田合戦の再版である。徳川勢に反省や対策がなさすぎる。

あまりにも真田が強く描かれすぎているので、ふたたび大久保彦左衛門（『三河物語』）にご登場願おう。真田の伏兵が城外にいたので、七人の徳川勢がこれを追って神川に入った。つづいて大久保忠隣《ただちか》・酒井家次らの兵も競うように神川を渡った。このとき、神川の上流の堰が切られて、徳川勢は大いに混乱した。信繁がみずから兵をひきいて城外にくり出し、渡河してきた徳川勢を討ち取った。さらに虚空蔵山《こくうぞうやま》に伏せていた真田兵が潰走する徳川勢を衝いた。

真田の挑発に乗ってしまった大久保忠隣の家臣に対して、本多正信が軍規違反をきびしく糾し、ために旗奉行の杉浦文勝が自刃した。

大久保彦左衛門は口をきわめて、このときの本多正信の作戦指揮を批判している。のちに大久保忠隣が本多正信のために失脚したことから、筆に力が入ったのであろう。秀忠が

第二次上田合戦図

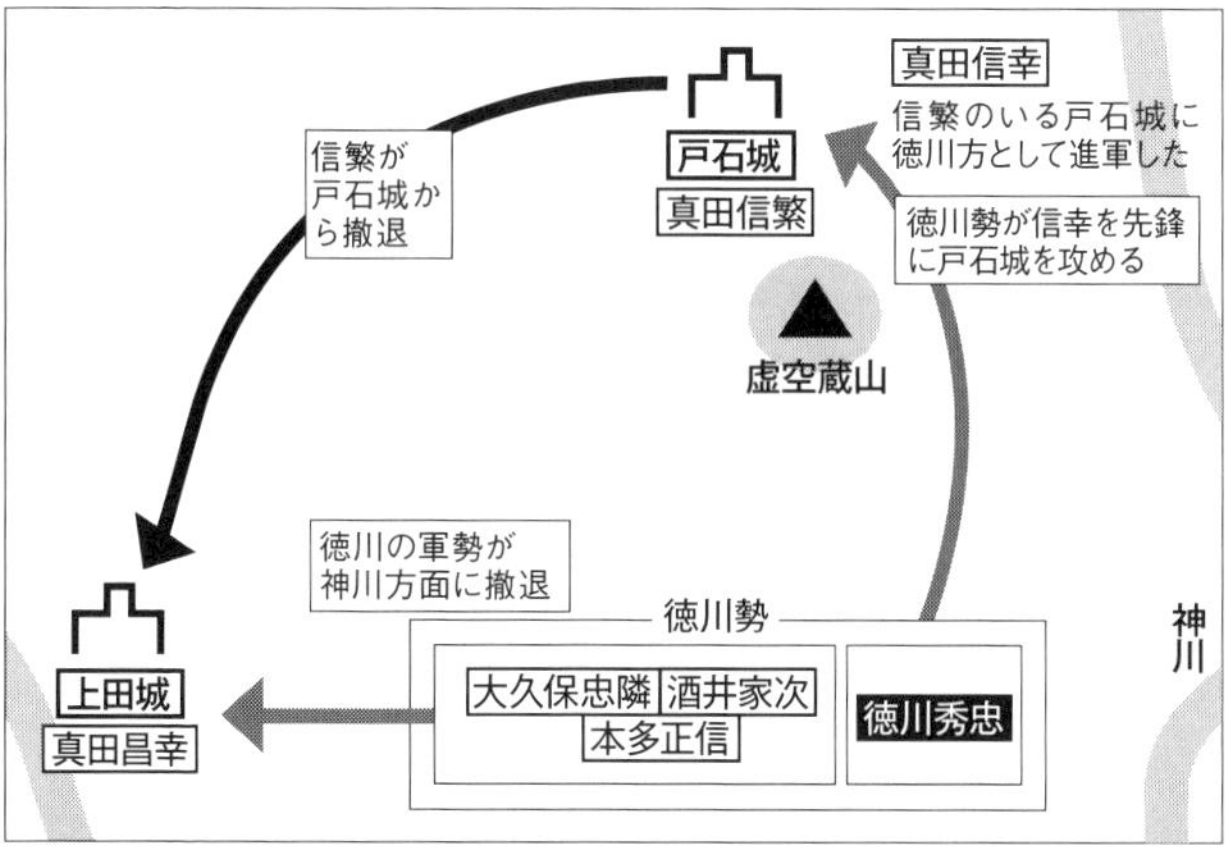

まだ若かった（二十二歳）ので正信が指揮を採ったが、真田にたぶらかされて四・五日も無駄にしてしまった。

これとは別に、徳川勢は真田信幸に戸石城を攻めさせようとした。戸石城は真田信繁が守備しているから、兄弟対決をさせようとしたことになる。信繁は寄せ手が信幸だとわかると、すぐに城を出て上田城の昌幸に合流した。これを見た本多正信ら徳川勢首脳は疑心暗鬼となり、信幸を前線から下げるしかなかった。

ところが、思いがけないことで合戦は中断する。九月九日になって、徳川家康から「十日までに赤坂（関ヶ原）に着陣するように」という書状が届いたのである。

律儀な秀忠がこれをみて、真っ青になったのは想像に固くない。じつは家康の使者が利根川の増水で足止めを食らい、宇都宮から上田まで十日もかかってしまったのだった。関ヶ原の合戦に遅刻した秀忠が、家康から面会も拒否されるほど不興を買ったのは周知のとおり。いずれにせよ、二度までも真田一族に煮え湯を飲まされ、徳川勢は天下に面目をうしなったのである。

徳川勢の軍規の乱れを尻目に、真田信繁が戦略的な行動をみせる

●勝てる篭城戦・負ける篭城戦

前節で「古来、篭城は最悪の戦術」と書いた。しかるに昌幸は二度とも、最悪の篭城を選んだかのようで、ちゃんと勝っている。したがってそのいずれもが、戦略的な視野から篭城戦術を採ったというべきなのであろう。

過去にも、篭城戦術で攻囲する敵をしりぞけた例は少なくない。十一万余の軍勢を前に、一ヶ月の篭城を戦った北条氏康である。相手は野戦の天才、攻城の名人といわれた上杉謙信である。

永禄三年（一五六〇）、長尾景虎（上杉謙信）が関東に越山したとき、その前年に上洛して将軍・足利義輝に拝謁して幕府相伴衆になったこともあって、つき従う関東勢は十一万余（二五〇将）にのぼったという（『関東幕注文』）。関東諸将の領地を掠め、あるいは調略に奔走する北条一族を討つことが、その旗印となったのである。

越後と関東の連合軍を相手に小田原城に篭城すること一ヶ月、北条氏はほぼ独力で守りきったのだった。背後に相・甲・駿の三国同盟があるとはいえ、また長尾景虎の本来の目的が鎌倉八幡宮での関東管領就任式だったとはいえ、篭城戦に勝ったのである。北条方の支城に兵を配置する、万全の守備陣形というわけでもなかった。武田信玄の越後侵犯、碓氷峠への出兵もあったが、ほぼ独力で守りきった北条氏の快挙といえよう。

このとき、北条氏は城下の家屋をもふくめた総構えで篭城戦にのぞんでいる。領内の人びとをすべて城内に入れ、備蓄している食糧を残らず運び込ませたのである。総構えの領域は広大で、越後・関東勢が陣を張ったのは、小田原城から二キロほどもある酒匂川の対岸だったという。

二度めの小田原攻囲は永禄一二年(一五六九)、謙信のライバル武田信玄によるものだ。信玄の駿河攻めによって甲・相・駿の三国同盟は崩壊し、北条氏が上杉氏と同盟を結ぶ。信玄は北条氏の宿敵である房州・里見氏、関東の諸将と結ぶいっぽう、八王子経由で相模に攻め込んだ。そして北条氏の小田原城を二万余の大軍で攻囲したのである。だがこのときも、小田原城は微動だにしなかった。信玄は小田原城を包囲しただけで満足したのか、四日で兵を引いている。篭城戦、あなどりがたし――。

ところが、それから二十一年後の天正一八年（一五九〇）。小田原城は豊臣秀吉が動員した二十万の大軍勢に開城を余儀なくされた。このとき北条氏は十五歳から六〇歳までの領民八万余を動員し、二十もの支城に配置して迎え撃った。

しかるに、篭城した北条氏の各城は全国動員軍の力攻めに、まさに各個撃破されてしまった。兵力不足から、開城勧告だけでくだる城もあれば、八王子城のように今も篭城兵の霊が残るとされる玉砕戦のケースもあった。本拠の小田原城が開城するまで、孤立しつつも敵を寄せ付けなかったのは成田氏の忍《おし》城だけである。忍城の場合は石田三成の水攻めの失敗（堤が決壊）もあり、城外からの補給を断たない不徹底もあったので、寄せ手側の戦術的不手際が大きい。ちなみに、真田信繁も忍城攻めに参加している。

明確に言えることは、政治的な駆け引きのなかにこそ、はじめて篭城という戦術が成り立つ、これではないだろうか。簡単にいえば援軍のある篭城は勝てるが、孤立した篭城は滅亡する。孤立しないための方策は政治である。第一次上田合戦において、昌幸ら真田一族は上杉景勝という強力な味方を背後に、少なくとも対峙戦に持ち込める公算を持っていた。そして巧みな用兵で城内・城外においてそれを実現したのである。

第二次上田合戦もまた見事な駆け引きで、秀忠の徳川勢三万八千を引きつけておくだけで政治目的は達成できる。軍事的な駆け引きは、功と時間を焦る秀忠の敵ではなかった。とくに戸石城を信幸が攻めたときの信繁の対処は秀逸で、これによって同族対決を回避したのみならず、信幸という敵の戦力を後景化することに成功したのである。

一例をあげよう。同時期の長谷堂城の戦いにおいて、最上義光の重臣・志村光安（一千）は、寄せ手の上杉軍（直江兼続の一万八千）を引きつけて果敢に戦い、巧みに深田の地形を利用して上杉勢に損害を与えた。あるいは挑発に乗らず、夜襲で大軍を混乱させている。上杉軍としては、飛び地の上杉領庄内（現酒田・鶴岡市）に侵攻した最上勢を引きかえらせるのが第一の政治目的であり、最上軍としては長谷堂城が落ちれば、指呼の先にある山形城（本拠地）を囲まれてしまう。その意味では長谷堂城の攻防が政治焦点となったのである。

最上が降れば、常陸で様子見をしている佐竹氏が上杉陣営に加わる。そうなれば、戦前まで上杉が政治工作していた伊達氏も西軍に寝返る可能性がある、上方の戦いが長期化するうちに、江戸を攻略するのもそれほど難しくはないはずだ。そんな戦略構想のなかに長谷堂城の戦いがあった。

約半月の篭城戦ののち、山形にも上方から東軍勝利の報が入る。直江兼続にとっては、撤退戦でみせた見事な采配が彼の名を天下に知らしめる、まことに皮肉な結果となった。最上勢の戦いもやはり、関ヶ原天下分け目の大合戦という、きわめて政治的な背景をぬきには成立しなかったのである。

しかしながら、政治的な孤立をものともせず、戦術的な例外を証明してみせた武将がいる。ほかならぬ真田信繁（幸村）である。

●大坂冬の陣・真田丸

もとより大坂の陣における篭城策は、信繁の本意とするところではなかった。

軍議では宇治・勢多に兵を出し、敵が洛中に入る前に防衛線を敷くべきだと信繁は主張していた。京都を守るということが、すなわち天下を維持する意味だと考えられる。そこで攻防戦をするうちに、徳川の陣営から寝返る者がかならず出てくる。あるいは、朝廷の仲裁で有利な和議に持ち込める。織田信長がしばしば用いた政治手法である。

しかし、この積極策は小幡景憲《おばたかげのり》にさえぎられる。この小幡景憲という人物は、旧武田家臣で、春日虎綱（高坂弾正）の口伝をもとに『甲陽軍鑑』を編纂し、のちに甲州流軍学の祖となる人物である。そんな人物がなぜか将軍・秀忠に勘当され、スパイをするつもりで大坂城に入ってきたらしいのだが、いまや秀頼公のために起請文を出すという、そして「数年を経るといふ共容易に落城有るべからず」と篭城策を主張するのである。

これらはまったくの創作であろう。『幸村君伝記』は幕末の史書であるから、おそらく軍学者小幡の業績を貶《おとし》めるか、史書としての権威付けをする意図で挿入されたものと思われる。かように、大坂の陣の軍議を伝える正確な史料はほとんどない。ともあれ、信繁の城外出撃の積極策は採用されず、篭城策と決まったのである。

諸家の伝記の誤りを正す書とされる『武徳編年集成』（一七四〇成立）にも小幡の名前

が登場するが、それによれば「真田左衛門佐幸村は自分の武名を後世に残そうと、天王寺表に初三の新月に似た、総構えの外に四十間ほど出る、真田丸と自称する砦を守った」（著者抄訳）とされている。

執筆者が参陣していたがゆえに、当事者性の高いと思われる『大坂御陣山口休庵咄』によれば「大坂城玉造御門の南、一段高い畑のある処に、三方に空掘りを設け、塀を一重かけ、柵を三重に付け、櫓や井楼があった」とされている。四十間といえば約七十三メートルである。そこに塀と三重の柵を設け、櫓と木組みの楼があったというのだ。出丸とはいえ、真田丸は小城の規模であろう。

以下、江戸時代の軍記物語をもとに、大坂冬の陣における真田丸の勇躍する戦いを描いてゆこう。新将軍・秀忠は真田丸を遠望して、あの砦は慌てて攻めないようにと家臣たちに言い渡した。そこで、前田利常・松平忠直（秀忠の甥）・井伊《いい》直孝《なおたか》の三将が真田丸の正面に堀をつくって、竹束（鉄砲よけ）を設けた。中間にある笹山という丘に真田兵が散見されるので、銃撃を受けないよう肉薄する策を採ったのだ。

大坂冬の陣図

十一月三日の夜、前田の隊が行動を起こした。

前田隊は堀の中で夜明けを待って、真田丸の前にある笹山に押し寄せたのである。松平忠直隊と井伊隊も、イッキに笹山に押し寄せた。ところが笹山にいると思った真田兵は、後方の真田丸から大声をあげて笑っているではないか。

「そこにいる加賀の軍勢は、鳥でも狩りにきたのか。お前たちが騒ぐから、鳥もウサギも驚いて逃げてしまったぞ。いまは一匹一羽もいないから、引き取るがいい。ただし、このままでは退屈だろうから、この出丸を攻めてみてはどうか」などと、詞戦《ことばいくさ》で挑発する。

前田勢は無念に思い、空堀に飛び込み、あるいは柵を破ろうと這い上がる。そこに砦内から鉄砲と弓が雨あられと降りそそいだ。敵を挑発して引き寄せては撃つ、篭城の基本戦術である。『山口休庵咄』では井伊直孝の兵が押しかけたことになっているが、やはり城壁に取り付いたところで一斉射撃をうけて、押しかけた井伊の兵は全滅している。山口休庵は豊臣方だが、じっさいに合戦の場にいたのだからこの記録は信用してよいだろう。

十一月十七日に家康が着陣し、いよいよ本格的な城攻めがはじまる。十二月三日の戦いでは、真田勢が徳川勢をやぶり、おびただしい死傷者が出たという（『大坂御陣覚書』）。ただ立てこもっているのなら、何とか手立てがありそうなものだが、徳川勢は真田丸のまえに連戦連敗である。

どうやら真田勢は神出鬼没で徳川勢を翻弄したらしく、大坂城にいまも残る「真田の抜け穴」（真田山三光神社）がそれを伝えている。ところがこの三光神社のトンネルは、もともとは前田勢が陣を敷いていた場所だという。ということは、真田丸を攻めあぐんだ前田勢が、トンネルを掘って攻めようとしたのが史実ということになる。

巧みな用兵・戦術で徳川勢の出鼻を挫《くじ》く

おなじく地底で戦っていたかのような史跡が、玉造の産湯稲荷の境内にも明治一八年まで残されていた。五十間（約九十メートル）ほどのトンネルであったという。玉造御門はその南に真田丸があった場所だから、そこが真田丸の地下道だったのかもしれない。徳川方の史料では『駿府記』に、十二月十一日のこととして、家康が佐渡と甲斐の金山代官を呼び寄せ、トンネルを掘って真田丸の櫓を掘り崩すよう命じたとしている。

十二月十二日ごろ、家康は本陣を茶臼山に移して、ここから大筒《おおづつ》を撃たせた。大筒とは石火矢《いしびや》ともいうが、大砲のことである。砲弾が炸裂弾ではないものの、その発射音は地を揺るがし、天を切り裂くがごとし。淀殿は大筒の音にことのほか脅えていた。

十二月十四日、家康は京都にいた阿茶局《あちゃのつぼね》を呼び寄せ、大坂城内にいる常高院（淀殿の妹で、京極忠高の母）と交渉をさせた。家康から本多正純・真田信尹（信繁の叔父）経由で、信繁に「信州に一万石を与える」さらに「信濃一国ではどうか」などと調略が行なわれたのはこの時期である（『本多家文書』『慶長見聞書』）。いずれも信繁は峻拒している。

十二月十八日、家康は田村兵庫という砲術家に命じて、片桐且元《かたぎりかつもと》の陣から大筒を撃たせた。十八日は秀吉の月命日で、秀頼が大坂城内の豊国廟に参詣するのを見越しての砲撃である。この砲弾が天守閣の淀殿の居室の柱に命中し、侍女が即死した（『烈祖成績』）。この事件が淀殿に講和を急がせた。和睦の結果、大坂城が外堀のみならず、内堀まで埋められてしまったのは周知のとおり。真田丸はまっさきに破却された。

ふたたび篭城という戦術を考えてみたい。関ヶ原の合戦の丹後田辺城攻防戦では、細川幽斎（藤孝＝東軍）がわずか五百の城兵（主力は息子の忠興が関ヶ原に動員していた）で、西軍の小野木重次ら一万五千を二ヶ月にわたって引きつけている。落城寸前のところ、古今伝授の継承者である幽斎を助命するために、後陽成帝が公家衆を遣わして調停した結果、このような長陣になったわけである。田辺城を攻めた西軍の一万五千は、関ヶ原の本戦に参加できなかった。敵を引きつけたことで政治目的の達成のみならず、軍事的勝利に貢献したのである。

いっぽう、織田秀信（信長の孫で幼名は三法師・西軍）が立てこもっていた岐阜城は、わずか二日間の闘いで落城してしまった。秀信が老臣たちの意見を聞かず、城外で東軍（池田輝政・浅野幸長・福島正則ら）と戦い、あっけなく敗れ去ったからである。岐阜城といえば、斎藤道三いらいの稲葉山城として難攻不落を誇った名城である。たとえば緒戦の伏見城（東軍・鳥居元忠）も十日間持ちこたえていることを考えると、三成ら西軍首脳には岐阜城の陥落は想定外だったことになる。

こうして考えると、外堀ばかりか内堀を埋めさせてしまった大坂方の失態は取り返しがつかない。石山本願寺いらいの大坂城は要害としての威力をうしなったのだ。

◘真田の野戦戦術

和議になったものの、文書に取り決めていなかった内堀の埋め立てによって、家康に対する憤怒が大坂方の浪人たちを覆った。

浪人たちの大半は関ヶ原の合戦で取り潰された大名やその家臣たちで、大坂城に太閤秀

冬の陣終結――和睦交渉で無力化した大坂城

吉がのこした金銀があるうちは禄にありつけるが、いずれそれも尽きるであろう。そうすればまた、惨めな浪人生活にもどらなければならない。たとえば長曾我部元親の子・盛親《もりちか》は 浪人してから京で町人の子弟への手習い（読み書き）で糊口をしのいできた。仙石秀久の子・秀範《ひでのり》も盛親とおなじく手習いで細々と暮らしてきた。

徳川方に通じていた織田有楽《うらく》斎の報告によると、大坂城内は三つの派に分かれていたとされる。強硬派は大野治房で、長曾我部盛親・仙石秀範・毛利勝永らが与《くみ》した。大野治長が慎重派で、これには意外だが後藤又兵衛がついた。真田信繁は中間派だったという。中間派は、ほかに木村重成・明石全登《たけのり》（通称：掃部《かもん》）・渡辺内蔵助らだとしている。どうやら大坂城内は大野治長ら豊臣家臣団（慎重派）対浪人衆（強硬派）という単純な構造ではなかったようだ。大野兄弟については第三部に稿を割いたので、そちらを参照されたい。

『耶蘇《やそ》会士日本年報』によれば「秀頼はその配下に十七万の戦士を得た」「軍隊の首領は真田左衛門、後藤又兵衛、明石掃部ジョバンニの三人である」としている。十七万人は大げさだが、冬の陣のとき（八万人）よりも多い人数が集まったのは事実のようだ。

こうした中で、大野治長が何者かに襲われる事件が発生した。弟・治房の従者が疑われ、その者が自害して果てたので詮議は行き詰まった。この事件で強硬派が力をえて、ふたたび決戦論が高まる。そして浪人の募集・破壊された大坂城の修復が行なわれることで、徳川の再襲来はいよいよ不可避となった。和戦いずれにしても、家康の「秀頼が大坂城を出るか、浪人たちを追放せよ」という条件は飲めるものではなかった。

慶長一五年（一六一五）四月五日の大坂方の拒否回答をうけて、家康は十二日に名古屋を出発した。ちょうど九男・義直（尾張徳川家初代）の婚儀を終えたばかりだった。これに先立って、秀忠が十日に江戸を発っている。

家康は大坂攻めを強引にすすめたように思われているが、この期におよんでも慎重に手

ふたたび強硬派が台頭し、戦雲が大坂城を覆う

続きを踏んでいる。四月十八日に京都に入ると、人質として手元に置いていた大野治純を兄・治長のもとに派遣して傷を見舞わせている。かりに大野治長を懐柔する意図があったとしても、家康の思いがけない人情味である。さらに二十四日には大坂方の使者・常高院（淀殿の妹）と二位局《にいのつぼね》に書状を持たせた。これが最後通告となった。

いよいよ、徳川勢が動きはじめる。二十五日から五月五日までに、河内口（大坂の北・十三万）と大和口（奈良方面・三万五千）のふたつのルートで軍勢をすすめ、城攻めの攻囲が完成した。

家康の慎重な手続きに対して、豊臣方はむしろ戦争準備に積極的だった。四月二十九日には、和歌山で浅野長晟《ながあきら》を攻撃している。豊臣家に最も近い大名を仕置き的に叩くことで、徳川方に対して戦意をしめしたというべきであろう。

大坂城はどうなっていたか――。城の堀をうしなった大坂方にはすでに篭城という選択肢はなく、五日六日に道明寺口に討って出ることになった。これを提案したのは後藤又兵衛だった。

大坂夏の陣図

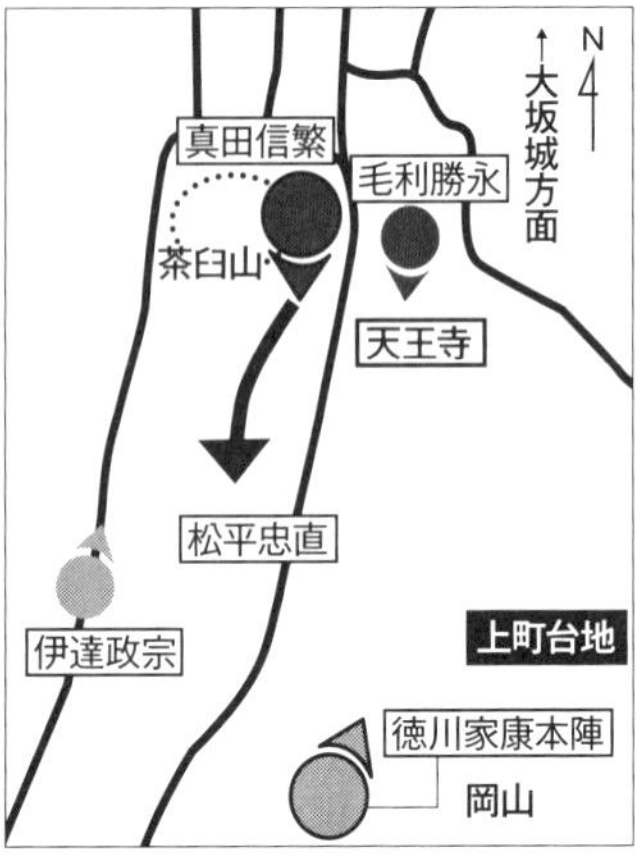

又兵衛は五日の夜に平野を出発し、未明に藤井寺に達した。ここで後続を待ったが、いっこうに来ないのでさらに進んで石川をこえた。小松山にのぼり、ここで又兵衛は徳川勢に向かって鬨《とき》の声をあげた。又兵衛には先駆けで名を上げる意志があったのだろう、衆寡敵せずここで討ち死にした。

真田信繁と毛利勝永が戦場に到着したのは、すでに昼を過ぎていた。この遅延は霧が深かったためとされているが、後藤又兵衛は小松山に到達しているのだから、組織的な連携がうまくいってなかったとしか考えられない。信繁隊が遭遇したのは、伊達政宗の先鋒だった。このとき伊達勢は騎馬隊が前面にあったという。信繁は兵たちに、引けば馬蹄に踏みにじられる、一歩も引くなと厳命した。長槍をそろえて突撃する真田勢に、屈強の伊達勢もひるんだ。さしもの片倉小十郎も後退した。しかし午後二時ごろ、大坂城の大野治長から八尾・若江方面での敗戦がつたえられ、いったん全軍が大坂城に撤退して立て直すことになった。

これによって、六日の夜には家康と秀忠が平野で落ち合い、大坂城攻略の策が練られた。冬の陣のときと同じく、家康が主戦場の天王寺口、秀忠が岡山口と決まった。大坂方は後藤又兵衛・木村重成・薄田兼相らを失ったが、まだ五万の兵力が温存されていた。作戦は茶臼山と岡山の線に徳川勢を引きつけ、全軍が一丸となって突撃するというものだった。たとえ敵が十数万であっても、混戦の中で家康の本陣を衝くことができれば、そこに勝利への活路があるというわけだ。

七日の早朝、信繁は茶臼山に陣を敷いた。茶臼山の東に毛利勝永、岡山口に大野治房が着陣する。合戦は日が高くなってから始まった。真田隊は総勢一万をひきいて、徳川先鋒

最後の決戦——乾坤一擲の勝負に出た信繁

の松平忠直《ただなお》の軍勢一万三千とぶつかった。おびただしい損害を出しながらも、一歩も引かずに突き進む。その先には家康の本陣があった。

参加した山口休庵の後日談から引用しておこう。

「七日旱天《かんてん》に、真田左衛門茶うす山に赤のぼりを立て、一色赤装束にて居り申し候、茶臼山の少し東真田大助同赤印にて居り申候、其の東に森豊前、その次に大野修理（治長）・同主馬、その東に織田雲正寺（頼長）居り申候、其の朝一番の合戦は、越前衆へ真田大助切り掛、そのうしろ雲正寺横あいに掛、大野修理・明石掃部（全登）のぼりも入乱れ、越前衆つきつぶし申候」

越前衆とは松平忠直（家康の孫）の一隊である。緒戦に勝利した大坂方は、第二戦にのぞむ。

「二度目の合戦は、森豊前（毛利勝永）一番に越前衆につきかかり、真田大助横あいにかかり申候、その時もはや雲正寺ののぼりは一本も見え申さず候」「大野修理、同主馬も大坂へ引取り申し候、のぼり一本もみえ申さず候、此の時真田大助のぼり西のかたへ少しなだれ申すと、真田左衛門茶うす山より貝を弐つふき、下知いたし、親子の勢一つになり、敵を四、五町おいまくり候所、御旗本衆と相見へ、あらてにて一むれ〳〵追々に真田備へ乗込、たがへにおいまくりおいもどされ」

信繁と大助は激闘のすえ、ついに徳川本陣の兵と接触したのだ。大久保彦左衛門（三河物語）の証言で、戦況を再現しよう。彦左衛門は槍奉行として旗本たちを差配していたが、茶臼山から逃げてきた味方によって、槍が踏みにじられてしまった。松平忠直隊が算を乱していたのだろう。旗奉行もそれに巻き込まれ、家康の旗も踏みにじられてしまった。ふと見ると、旗本たちが逃げまどい、家康のそばには小栗忠左衛門久次が一人いるだけだった。家康の旗が倒れたのは、武田信玄に敗れた三方が原の合戦いらいのことだ。

『耶蘇会士日本年報』はこう伝えている。「真田と毛利勝永が先頭に立ち、言いあらわせないほどの勇気で戦った。三度・四度と烈しく攻撃したので、将軍は次第に後退し、その部下の多くが列を乱して退却した。内府（家康）も失望し、日本の風習にしたがって腹を切ろうとしたと確かな情報で知らされた」

のちに細川忠興は「半分は味方、半分は大坂方の勝ちだったが、けっきょくこっちの人数が多かったから勝った」「七日の合戦で逃げない者はなかった。笑止なことだが、味方の歴々のなかには、平野・久宝寺・飯守あたりまで逃げた者もある」と、国もとへの書状に記している。ほかにもある。『薩藩旧雑録』は「五月七日に御所様の御陣へ、真田左衛門仕かかり候て、御陣衆追いちらし討ち捕り申候、御陣衆三里ほどづゝにげ候、真田日本一の兵、いにしへより物語にこれなき由」と賞賛している。家康の本陣が馬蹄に蹂躙され、三里も逃げたのは史実であった。ただし当時は一里＝三十六町（三九二七メートル）と一里六町（六五五メートル）が併用されていたので、二千メートルほど後退したというのが実相であろう。

戦闘のさなか、信繁は大助を大坂城にもどし、秀頼の出馬を請わせた。信繁の脳裏には、秀頼の出馬によって、いまひとつ局面が切りひらける。豊臣恩顧の大名たちの寝返りすら期待できる。いや、公然と寝返らないまでも、この激戦を傍観するのではないかと思ったのだと考えられる。しかしながら、これは叶わなかった。

大助の最期を伝える一文が、井伊直孝が豊臣方の速水守久から聞いたこととして『大坂御陣覚書』に残っている。

「真田左衛門子息大助十六歳にて候か、一昨日六日藤井寺にて高名し、高股に手負、昨日より父の下知にて城へ籠り、秀頼公御供仕るべき志なり、真田儀は御譜代にあらず、牢人にて………皆々御譜代さへ落ち申し候、殊に幼少にて候間、早々落られ候へと、昨日落城の砌《みぎり》より、今に至って教訓申し候へども、大助聞きも入れず、父左衛門佐が、昨昼茶臼山にて、我必ず討死すべし、汝は秀頼公御最期の御供せよと申し渡されわかれ候…………広庭に藁を敷き、昨日の昼より物も食さず罷り有り、御最期を相待候」

敗色濃厚となり「豊臣譜代の者たちも城外にのがれたので、はやく君も城を出なさい」と言われたにもかかわらず、大助は父の申しつけを守って秀頼に殉じたのである。

信繁はついに家康の首を取ることはできなかった。疲れはてて休んでいるところ、松平忠直隊の鉄砲頭・西尾久作が信繁の首級を上げたとされている。享年四十六（通説では四十九）歳。

真田戦術は篭城と伏兵だけではないことが、信繁と大助の戦いで証明された。大坂夏の陣において、信繁がみせた家康追撃戦こそ武門の誉れ。「真田日本一の兵」と絶賛された奮闘である。

いや、単なる奮闘ではない。一時は家康が切腹の覚悟を決めるほどの攻勢であったから、野球でいえば一点差の九回の裏、ツーアウト満塁・スリーボールノーストライクまで攻め立てたというべきであろう。

歴史探究 ≫ キーワード 正面突破

少数だからこそ大軍の中枢を衝《つ》ける
桶狭間山合戦

大坂夏の陣は、結果からみれば無謀な野戦と考えられがちである。多勢に無勢、衆寡敵せずの例えだが、わたしはけっしてそうは思わない。家康は紙一重で生き延び、信繁はほとんど指にかけていた勝利を逃したのである。一見して不可能に思える信繁の勝利は、実例にある野戦の謎を解くことで理解できるはずだ。

その実例とは、大坂夏の陣を五十五年さかのぼる。織田信長が今川義元を破った合理的な理由に、真田信繁が家康を追いつめた謎が隠されている。電光石火の勝利という言葉にふさわしい、その出来事は桶狭間山で起きた。

本書は真田丸の人物評において、最も人口《じんこう》に膾炙《かいしゃ》した評判を、最も新しい研究成果を引用しながら再解釈してきた。この織田信長が今川義元を破った桶狭間の戦いも、同じように最新の研究方法から解読できる。

じつはこの最新の研究方法というのは、当時の原史料にあたる文献史学の初歩的な原則を踏襲することで可能となった。すなわち、織田信長に関する第一級の同時代史料『信長公記』をふつうに読むことだった。ぎゃくに云えば、江戸時代の軍記書を排除することになる。その結果、桶狭間山の合戦の態様は、きわめて合理的に説明できる。まさにそれは奇跡的な勝利でありながら、同時に確実な勝算のある合戦だった。

桶狭間は従来、田楽狭間《でんらくはざま》という地名だとされてきた。三河から尾張国境に大軍を進めてきた今川義元が、昼餉を摂るために休憩したのが田楽狭間という窪地だったと。そして、織田勢は迂回して田楽狭間に近づき、義元の本陣を奇襲したのだと。

　じつはこれは、合戦から五十一年後の慶長一六年（一六一一）に成立した小瀬甫庵《おぜほあん》の『信長記』によるもので、一次史料による説ではない。信長に仕えた太《おお》田《た》牛一《ぎゅういち》の『信長公記』を元本に、いわば江戸時代の講談物語として書かれたものにすぎないのだ。じっさいの戦闘は、迂回することなくまっすぐに桶狭間山に兵が進められ、三百の今川義元本陣を叩いたのである。『信長公記』を読み返すことで、桶狭間の合戦が従来の迂回奇襲ではないとしたのは、藤本正行氏の『信長の戦争』（講談社学術文庫）を嚆矢とするが、なぜここまで小瀬甫庵の講談物語が生命力を失わなかったのか、考えてみれば不思議である。小瀬甫庵が生まれたのは桶狭間の合戦の四年後のこと、甫庵はまだ生まれていなかった事件を書いているのだ。この不思議は後段で述べたい。

　小瀬甫庵と太田牛一とでは、まず合戦の現場がちがう。『信長公記』は両軍の衝突を田楽狭間ではなく、桶狭間山だと記している。信長がいかに危うい作戦のもとに行動し、しかしそれをいかに大胆な方法で実現したのか、引用しよう。そこには机上の理屈がない代わりに、リアルな合理性があるのだ。

「御敵今川義元は四万五千引率し、おけはざま山に人馬の息を休めこれあり」

　すでに鷲津と丸根の砦を攻略し、満足そうに謡を三番謡わせたとなっている。合戦で山の上に陣を張るのは常道である。高地に陣取って、登ってくる寄せ手を蹴落とす。当時は弓矢による遠戦がほとんどだったが、下から射かけるよりも上から射落とすほうが有利である。瓦礫を転がし、石を投げ下ろすだけでも高地が有利である。

　いっぽうの織田勢は「山際まで御人数寄せられ候の処」と、やはり今川勢が山に陣取っていることをしめしている。

　しかも信長は山に寄せるにあたって「中嶋へ御移り候わんと候つるを、脇は深田の足入、一騎打ちの道なり。無勢の様躰敵方よりさだかに相見え候。御勿躰なきの由、家老の衆御馬の轡の引手に取付き候て、声々に申され候へども、ふり切って中嶋へ御移り候」

　善照寺砦から敵陣正面の中嶋砦に移動するにあたり、信長は「一騎打ちの道」つまり脇深田の一本道を行こうとして、家老たちから馬の轡を握って制止された。兵力が劣っていることがまる見えだというのだ。しかし信長はそれをふり切って一本道を行軍したのである。

　小瀬甫庵の『信長記』では北東に大きく迂回し、太子ケ根という峠に身を隠しつつ、窪地である田楽狭間へ駆け降りるように奇襲をかけたことになっている。この段階では、まだ甫庵が描写する緻密な作戦計画のほうが優位である。

　さらに太田牛一の『信長公記』から引用しよう。山際まで寄せた織田勢に、思いがけなく天が味方する。

「俄に急雨石氷を投打つ様に、敵の輔《つら》に打付くる。身方は後の方に降りかゝる。沓掛の到下《とうげ》の松の本に、二かい・三かいの楠の木、雨に東へ降倒るゝ。余りの事に熱田大明神の神軍かと申候なり」

　石氷とは雹《ひょう》のことである。二抱えも三抱えもある楠の木が倒れるほどの風雨が織田勢の追い風になったのである。今川勢は総崩れになった。今でいう雹まじりのゲリラ豪雨であろう。旧暦五月十九日は現代の六月十二日だから、上空に冷たい空気が入って大気が不安定なところに、気温が上がって上昇気流が積乱雲をつくる。この偶然がかさなった。

「黒煙立てゝ懸るを見て、水をまくるがごとく後ろへくわっと崩れたり。弓・鑓・鉄砲、のぼり・さし物、算を乱すに異ならず。今川義元の塗輿も捨てくづれ逃げけり」

あっけない勝負だったようだ。風に押されて進撃してくる相手に、今川勢は算を乱して、つまり散り散りになって、義元の輿を捨てて逃げたというのだ。

甫庵が迂回奇襲説を著わさなければならなかった理由こそが、この織田勢の奇跡としか思えない勝利の事実である。当時、今川勢と織田勢とでは、兵力が圧倒的にちがっていた。

C 八百の精鋭で敵の本陣を突く

今川義元は駿河・遠江二国の太守であり、三河の松平元康（徳川家康）をも従えていた。その今川勢が尾張国境に兵を出してきたのである。その数、四万（『徳川実記』『総見記』など）とも四万五千（『信長公記』）とも言われた。対する織田勢は二千であった。

当時の織田信長は、尾張一国も完全に掌握できていなかった。そのうえ当日の信長は、丸根と鷲津のふたつの砦を犠牲にしたうえで、敵が攻め疲れたところを叩く作戦だった。それゆえに、おそらく重臣たちが反対する犠牲作戦を秘匿したまま、前夜は軍議もせずに世間話をしていた。重臣たちはこの信長の態度にあきれて帰宅してしまう。そして払暁、敦盛を舞ったあとに突然の出撃である。

付いてくる兵は、自分の馬廻り衆八百ほどで良かった。今川義元の本陣さえ発見できれば、一気呵成にそこを攻める。信長には最初からその作戦しかなかったのである。

さらに『信長公記』から引用しよう。

「旗本はこれなり、是へ懸れと御下知あり。未剋（午後二時）東に向てかゝり給う。はじめは三百騎ばかり真丸になって、義元を囲み退きけるが、二・三度、四・五度と帰し合せ〳〵、次第々々に無人になりて、後には五十騎ばかりになりたるなり。信長も下立って、若武者共に先を争い、つき伏せ、つき倒し、いらつたる若ものども、乱れかゝって、しのぎをけづり、鍔をわり、火花をちらし、火焔をふらす」

かくして、ものすごい乱戦のうちに、服部小平太と毛利新介の手で今川義元は討ち取られた。強風と雨雹、織田勢の猛攻に耐えて、義元のもとに踏みとどまった三百の旗本。これと二千の織田勢のうち、おそらく七〜八百が最終的に衝突したのだと考えられる。

というのも『信長公記』には、しばしば「七百ばかり」「侍衆七、八百」という記述が登場する。

斎藤道三との正徳寺での会見のさいは「御伴衆七、八百、甍を並べ、健者先に走らかし」。鳴海城の山口父子が寝返ったとき、敵は千五百なのに「織田上総介信長公十九の御年、人数八百計りにて御発足」し、これは痛み分けであった。

弟の信行に柴田勝家と林美作が加担したときも「信長の御人数七百には過ぐるべからず」という兵力で千七百の敵を圧倒して林美作を討ち取った。

堂洞の砦を救援したさいも「信長御人数は七、八百これに過ぐべからず」であったので、三千の敵を前に撤退している。

異母兄の織田信弘の謀叛を鎮圧したとき「究竟《くっきょう》の度々の覚えの侍衆七、八百、甍を並べ御座候の間、御合戦に及びて、一度も不覚これなし」。

つまり、信長の緊急出動部隊は七百から八百であり、常に動ける状態だったことがわかる。みずからも御弓衆だった太田牛一が、みずからの手柄のように誇らしく記述する姿が見えるようだ。

屈強の八百名というのは、最も動かしやすい兵力であろう。千人をこえると、もはや部隊は迅速には動けない。五百ではどうにも心細い。今川義元が討ち取られたとき、彼に従っていたのは三百名にすぎなかった。

この七百名とも八百名とも言われる常備軍は、家督を継ぐ必要のない次男・三男を親衛隊として編成したのだと云われてきた。ただし、嫡男以外という部隊編成に史料的な裏づけはない。もし本当にそうだったとしたら、彼らは合戦で手柄を立てないかぎり、身を立てる方法がない。そして一家一門のために、血脈を保持して生命を第一に考える必要がない。ゆえに、本気で戦う軍隊だったということになる。

なるほど『信長公記』にはしばしば、一見すると寡兵でありながらも、多数の敵を討ち負かすシーンが登場する。いっぽうで、こうした織田勢の強さについては、兵農分離された常備兵であり、それゆえ農繁期にも戦うことができたという説がある。

だがこれはあきらかに間違っている。戦国時代の軍役帳で一次史料といえば、天正三年（一五七五）の上杉謙信のものしかないが、この中には五五〇九名の軍役衆が明示されている。一門衆は上杉景勝の三七五名を筆頭に七将一一一〇名、国人衆が二十五将、旗本が九将である。合戦時には、これに保護下にある惣村から数十・数百単位で、まさに農兵たちが軍役に馳せ参じたのである。だがこれとて、村から雇われた傭兵（浪人）だった可能性が高い。武田信玄の「軍役には有徳者（しっかりした人物）を出すように」という書面が残るほど、村は有能な人材を軍役で失いたくなかったのである。

だから、信長の兵農分離は近世的な兵制革命であった、などという歴史研究家は一次史料を読んでいない人たちである。ぎゃくに、上杉や武田の農兵は共同体の縛りがあったから、合戦で逃げ出すことなく屈強であった、などとする説も頷けるものではない。

信長の親衛隊は単に常備軍だから強かったのではない。屈強の者たちの機動性にすぐれた部隊。喧嘩がつよい若者たちが八百人ほど、凄まじい眼光をギラつかせ、腕をぶしていた光景を想像すればよい。世に命知らずの若者の暴力ほど強いものはないのだから。

いっぽうの今川勢は三百人だったのだ。精強を誇った天正期の上杉勢ですら、上杉景勝の三七五名が最大の部隊編成、つまり軍団の単位である。謙信の警護としていくつの部隊が囲んでいたかは判らないが、上杉勢の最大単位が三七五名だとしたら、今川義元の本陣に三百しかいなかった史実が、当時の旗本部隊の編成を裏づけることになるだろう。

やはり桶狭間の合戦は、今川勢四万五千と織田勢二千ではなく、今川義元三百と織田信長八百の戦いだったのである。われらが信繁もまた、一度目、二度目の乱戦で敵の陣形が乱れたところを見逃さず、おそらく数百の屈強の者たちを率いて、家康の本陣を衝いたのであろう。

C 奇襲ではなく、正攻法こそ勝利のカギだった

ところで、なぜ『信長公記』にある「おけはざま山」が「田楽狭間」となったのであろうか。桶狭間は現在の名古屋市緑区有松町桶狭間であり、田楽狭間は豊明市栄町南館と、一キロメートル以上も離れている。

日本陸軍が小瀬甫庵の迂回奇襲説を『日本戦役』で採用したからである。『日本戦役』はこう述べている。

「この役の勝敗を決したる地は田楽狭間にして桶狭間に非ず。然れども桶狭間の名、既に膾炙す。故にこれ

に従う」つまり、本当は田楽狭間なのだが、桶狭間のほうが有名なので、桶狭間にしておくと言うのだ。寡兵で多数の敵を叩く、日本陸軍の精神主義が迂回奇襲説を採用させたのであろう。

そこから事情通たちが『日本戦役』をひもとき、桶狭間の合戦が行なわれたのは、じつは田楽狭間という窪地であったと「新説」を唱えるようになったのである。国民的作家の司馬遼太郎もそのひとりだ。

「因に、後世この決戦の場所を桶狭間と言い習わしているが、地理を正確に言えば『田楽狭間』である。桶狭間は田楽狭間よりも1キロ半西方にある町でこの合戦とは直接関係ない」(『国盗り物語』)。司馬遼太郎は史料を重視した作家とされているが、まだ『信長公記』の評価が今ほど高くなかった時期の執筆でもあり、江戸期の編纂資料の読解をもっぱらとした氏が、一次史料にあたった形跡はあまり認められない。そしてやはり物語には、ドラマチックな迂回奇襲説を採用したかったのであろう。

かりに寡兵が正面から挑んでも、敵の本陣まで最短距離であれば勝てる機会はある。なぜならば、敵は大軍ではなく敵将とその旗本数百にすぎないからである。このように考えてくると、真田信繁の「日本一之兵」と呼ばれる奮闘も、けっして奇跡ではないのだ。

桶狭間山合戦図

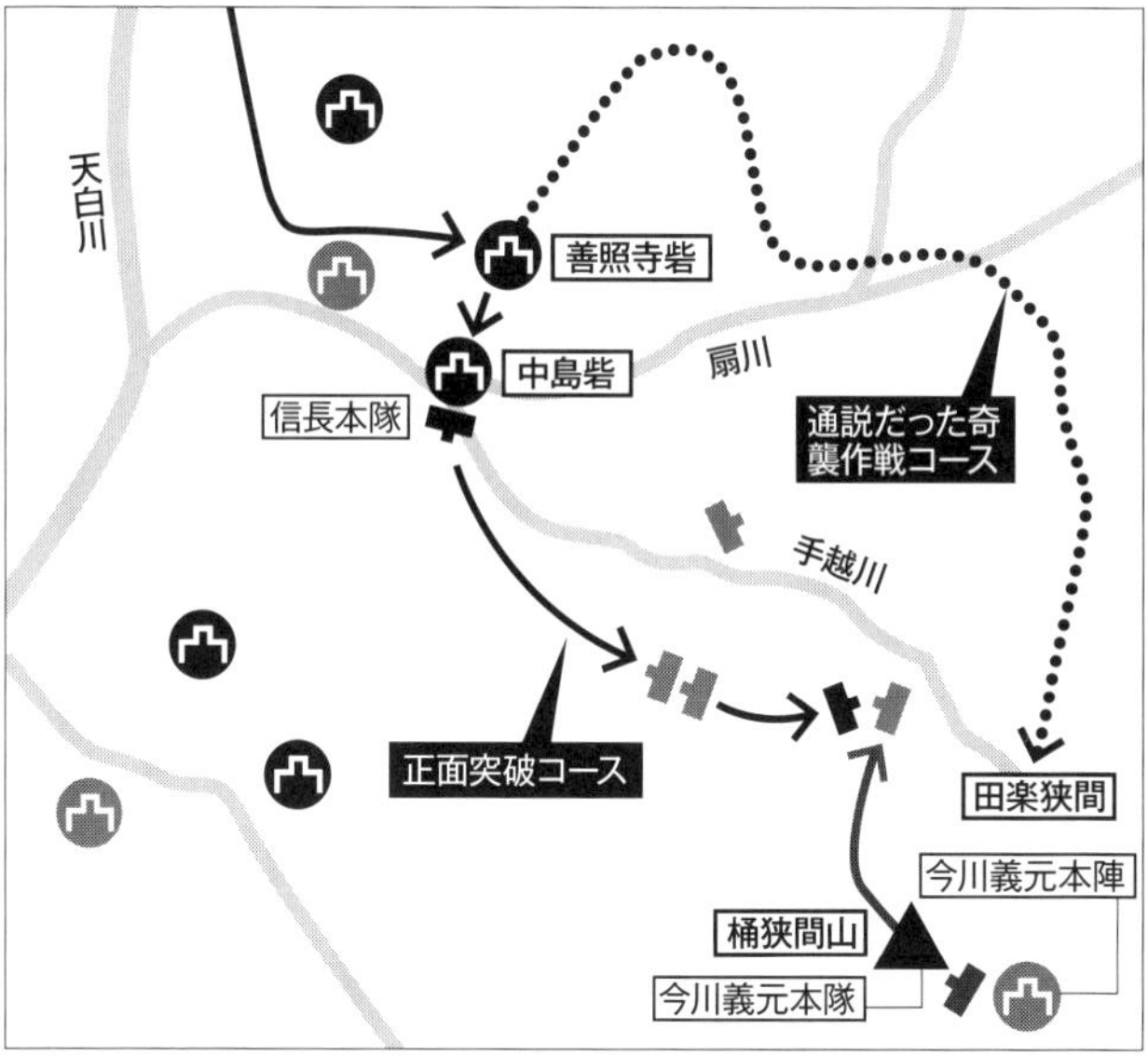
天白川
善照寺砦
中島砦
信長本隊
扇川
通説だった奇
襲作戦コース
手越川
正面突破コース
田楽狭間
今川義元本陣
桶狭間山
今川義元本隊

◘真田一族も天下を取れていた？

ここから先は、研究機関の歴史研究者にはタブーでも、われわれのような作家には楽しい妄想である。もしも大坂夏の陣、天王寺・岡山の戦いで家康を討ち取っていたら、いったいどうなっていたのだろうか。

これはじっさいに高度な可能性があったのだから、単に主観的な妄想というわけではない。いま、怒涛のごとく徳川本陣を襲った真田勢が家康を追いつめ、その首級をあげたところだ。

家康の首級をあげた瞬間、真田信繁は敵味方に高らかに宣言する。「さきの右大臣、源氏朝臣徳川家康公の首級《みしるし》、真田左衛門佐が頂戴つかまつった！」ここで「さきの将軍」などと言ってはいけない。信繁の仮の主君である豊臣秀頼は、徳川家の征夷大将軍職を認めていない（将軍宣下に不参加）のだから。

だが、これだけでは勝ったことにならない。後方に布陣している二代将軍・秀忠を討ち取らないことには徳川幕府は存続したままである。徳川政権はのちに明白になるが、家康存命中は二重権力（江戸と駿府）として機能した。諸大名に対する実力者で、実権者の家康。そして形式的な権力者とはいえ、幕府の最高機関としての将軍職である秀忠。実力者・家康を討ち取っただけでは、幕府は崩壊しない。ぎゃくに秀忠ひとりを討っただけでも、大御所・家康が存在するかぎり徳川体制は盤石である。その意味では、大坂の陣こそ二人の権力者が同時に同じ場所に存在し、まとめて討ち取れる絶好の機会なのである。

思い起こしていただきたい。織田信長が洛中本能寺に斃《たお》れたとき、嫡男・信忠は都落ちという選択肢を真っ先に捨て、わずかな手勢（五百）で二条御所に明智勢（一万五千）を迎え討った。この選択は第一に、光秀ほどの者が洛外に脱出できるような甘い包囲をしているわけがない。第二に、逃げるところを討ち取られたのでは、世間に無様な最期を晒すことになる。まさに身を捨て、名を惜しむ武士の玉砕だった。ぎゃくに信忠が脱出してぶ厚い織田家臣団とともに光秀を討っていれば、おそらく織田一門は秀吉の簒奪を許すことなく、ますます栄えていたであろう。

まさにこれとおなじ理由で、秀忠は総力を上げて真田信繁（および毛利勝永・大野治房）を討ちに来るはずだ。そこで真田信繁としては、徳川に従属している諸大名を寝返らせるか、あるいは忍者を駆使してでも秀忠を討ち取らなければならない。

じつは敵方からの寝返りの策は、信繁らが最初から戦術に組み入れていたものだ。じっさいに、合戦が佳境に入ったところで「浅野長晟どの、寝返り！」「浅野どの、ご謀叛」の報を入れて、徳川方を少なからず混乱させているのだ。

この時期、天下に野心の者といえば、まず伊達政宗が筆頭に上げられるであろう。秀吉に謀叛の疑義を持たれること一再ならず、支倉常長《はせくらつねなが》をローマに派遣したのは外圧を利しての天下取りの布石だったという説もある。だが六日の合戦で、信繁が最初に遭遇して激闘をくり広げたのが伊達隊だった。政宗にその気があったとしても、兵たちに遺恨の気分があれば、ただちに寝返るのは難しいであろう。

つぎに上げられるのは藤堂高虎であろう。表裏比興といわれた真田昌幸に輪を掛けたように、この人物は主君をつぎつぎと替えている。その数、じつに十人である。緻密に情勢を読みきり、じっさいにその決断が成就している高虎の寝返りがあれば、それに従う者は続出するかもしれない。この場合、高虎の人物に惹かれて従うのではなく、賛同者たちはその勝負勘に賭けるのである。

そうなれば、前田利常、仙石忠政、加藤嘉明、細川忠興あたりが積極的に大坂方に寝返るのは間違いないところだ。それにしても、まだ圧倒的多数にはならない。豊臣恩顧の諸大名は、たとえば福島正則は江戸留守居役であり、蜂須賀家政（小六の息子）、山内忠義（一豊の養嗣子）、福島忠時（正則の息子）らは、この戦いに参加もしていないのである。

黒田長政は後藤又兵衛と不仲なので、大坂方に与するのをためらうであろう。家康に対して腹にいちもつある上杉景勝は京都守備役、同じく島津氏も不参加であった。この両名は、徳川に遺恨があっても義理堅いところがあるので、もともと寝返りは期待できないの

つぎつぎと寝返る徳川方の諸将たち

かもしれない。動くのは大勢が決まってからか、決着がついた戦後であろう。

いや、忘れていた。西国の雄、毛利（当主の秀就と叔父の秀元が参戦）がいるではないか。関ヶ原合戦で当主・輝元が西軍の総大将でありながら一門の小早川秀秋が寝返り、家康に内応していた吉川広家が動かないことで、毛利軍本隊も動けないという事態におちいった毛利家。しかも戦後は輝元の責任（大坂入城）を問われ、改易寸前で六国から二国に減封されてしまったのである。

だからこそ、これは仮定ではない実際の大坂夏の陣において、毛利家は秀元の叔父にあたる内藤元盛《ないとうもともり》を、佐野道可《さのみちよし》と名を偽らせたうえで大坂城に入れているのだ。もしも大坂方が勝った場合を考えての派兵である。準備金として黄金五百枚、手勢十名の入城であった（『萩藩閥閲録』江戸中期成立）。この一件については、毛利家臣の福原広俊が吉川広家に問い合わせる書状を残しているので、史実に間違いない。

これで戦力的には、互角以上のものになった。両陣営が入り乱れての合戦になり、その乱戦のなかで秀忠が落命するのは時間の問題だろう。勝機がみえた浪人たちの活躍は、飢えた猛獣が逃げまどう草食動物を追い詰めるがごときものだ。

戦後、加賀百万石の前田利常、旧領を復活した毛利秀就、大坂方に肩入れした場合には上杉景勝と、旧豊臣家三大老が復活し、淀殿の愛人・大野治長、そして真田信繁が加わる豊臣五大老制度が発足するのは言うまでもない。

ただし豊臣政権には頼りになる壮年男子がなく、秀頼が淀殿と大野治長の不義の子であるなど、何かと火種を残した政権である。信繁・信幸・そして大助（幸昌）らの真田一族が天下をうかがうのは、そう難しいことではないだろう。

家康を討ち取れば、真田信繁は天下を取れていた

第三部　信繁の時代の群雄たち

◘天下布武という思想

それは応仁の乱いらいの戦国乱世を終わらせる、天下泰平への道だった。そこに至るには、武装した惣村（農民共同体）や武士団の統合、そして国境をこえた大名権力の確立、そしてそれを淘汰する合戦の大規模化、合戦で決定力をもたらす火器の充実があった。

そのいずれも一身に体現した武将、織田信長が唱えたのが天下布武である。天下一統と言い換えてもよいだろう。思いがけないことに、その織田信長が壮途の途上で斃れる。ようやく終末にさしかかった戦国時代は、ふたたび混乱の坩堝《るつぼ》にもどったのである。真田一族は秩序をうしなった火薬庫のごとき甲信地方で、好むと好まざるとにかかわらず、天正壬午の大乱の荒波に乗り出さざるをえなかった。

そのような激変をもたらした本能寺の変、それはなぜ起きたのか。そして可能だったのか。最新の研究を俯瞰しながら、謎をさぐってみたい。

歴史探究≫キーワード 黒幕はいたのか？

衝動的にその奇跡は起きた 本能寺の変

明智光秀がなぜ謀叛におよんだのか。このさい、動機は光秀の信長に対する怨恨であれ天下への野望であれ、あまり区別することに意味はない。謀叛の行為それ自体が、すでに動機を溶解させているからだ。しかし、何がそれを可能にさせたのか。あるいは誰が光秀の壮挙をささえたのか、問題はそれであろう。

本能寺の変の裏側にあるもの、そして黒幕の存在。これには諸説あって歴史好きには堪らないテーマである。いわく、朝廷が黒幕であった。あるいは秀吉の陰謀であった。イエズス会の謀略、将軍の地位を追われた足利義昭の策略、などなど……じつに多彩である。

しかし、これら魅力的な仮説のどれもが推論に過ぎず、決定的な史料的裏づけを欠いている。光秀の謀叛を理解するうえでも、頭の整理のために簡単にみておこう。

まず朝廷黒幕説は、信長がその絶頂期にいよいよ帝位をも自在にし、朝廷の専権事項を奪うのではないかと危惧した公家たちが、光秀を使嗾《しそう》したものだとする。朝廷と信長の間にはこのとき、暦の編纂（朝廷の専権事項）をめぐる意見の対立などがあり、正親町《おうぎまち》天皇に譲位を迫っていたとされるが、いずれも信長を取り除く根拠としては薄い。

信長が誠仁《さねひと》親王を帝位に就けたがっていたのは事実だが、正親町天皇もみずから譲位を希望していたのである。京都といういわば武家にとっての魔都が信長を亡ぼしたという魅力的な説も、それを裏づける史料はほとんどない。唯一の史料的な根拠とされるものは、勧修寺晴豊《かんしゅうじはるとよ》の『晴豊公記』天正十年（一五八二）六月十七日の記述である。

「済藤蔵助と申す者、明知の者也、武者なる者也、かれなど信長打談合衆也」

この記述をもって、晴豊が信長を討つために明智の者・済藤蔵助と談合したと、朝廷黒幕説の論者は説くのである。晴豊は武家伝奏（朝廷内の武家担当）であり、三職推任問題（太政大臣・関白・将軍のいずれかに信長を任じるべき）の提案者でもあったとされる。その晴豊がどんな理由で信長を討つ談合に加わったのか、史料的な裏づけがあるわけではない。

「済藤蔵助」とは光秀の重臣・斎藤利三《としぞう》（斎藤内蔵助）のことである。じつは政変の中心的人物なのだが、春日局の父親としても有名である。六月十七日といえば、すでに十三日に明智軍は秀吉軍に敗れ、潜伏先の大津で捕縛された斎藤利三が京都市中を引き回された日である（同日、六条河原で斬首）。ふつうに考えるならば、晴豊はその光景を目撃したのであろう。

つまり晴豊は、斎藤内蔵助（利三）という者は明智の武士で、信長打倒の一味だ。と言っているにすぎないのだ。『晴豊公記』には斎藤内蔵助の記述がほとんどなく、したがって晴豊が信長打倒をいっしょに謀議（談合）したなどとするのは史料の曲解である。このように、黒幕説・謀略説は推論にすぎる嫌いがある。

つぎに前《さき》の将軍足利義昭黒幕説は、上杉氏に光秀が送った書状を根拠とする。この説もじつに魅力的だが、ほとんど無理である。史料的には、上杉家臣・直江兼続宛ての河隅忠清《かわすみただきよ》の書状（『歴代古案』ほか）であり、決定的な証拠だと義昭黒幕論者が指摘するものだ。

その書状は、須田相模守の奉公人から書状がとどいたことを知らせるもので、それによると魚津に光秀の使者がおとずれ「御當方無二御馳走可申上由」と伝えてきたという。したがって、光秀の書状そのものではない。日付は六月三日、本能寺の変の翌日である。

この伝聞の文面を「上杉家が、わが陣営に対して最大限のご奔走を申しあげてほしい」と訳した場合、ご奔走申し上げるのは将軍義昭いがいにありえないと、義昭黒幕説ではされる。光秀が上杉家に将軍のために奔走するよう、黒幕である義昭の意向を伝えたのだと。

だが、これを「上杉家に対し、最大限のご馳走をしたい」(『信長は謀略で殺されたのか』鈴木眞哉・藤本正行、洋泉社)と訳した場合は、柴田勝家と戦っている上杉家に感謝の意を伝えることにしかならないのだ。いやそもそも、河隅忠清が兼続に書状を出した六月三日に魚津城は落城し、城将はほぼ全員が首に名を書いた札をつけて自害しているのだ。そしてその中に須田相模守は、いなかった。ということは、須田が魚津城を取り囲んでいる柴田勝家の軍勢のさらに外側にいて、光秀の使者と接したことになるが、そんなことが可能だったのだろうか。どうやら謎の書状のようだが、そうではない。

書状には「北信濃での任務を終えたら、越中と能登の仕置きに取りかかるのがよい」という後条があり、あきらかに柴田勝家の軍勢が撤収したのちのことを云っているのだ。したがって、秀吉を迎え撃つ準備のさなかに、光秀が上杉家に柴田勢を引きつけておいて

信長の死を知っても、毛利を動かせなかった足利将軍・義昭

くれと、越中魚津に光秀が発した使者というべきで、将軍義昭はまったく無関係である。

その将軍義昭は、周知のとおり備後《びんご》鞆浦《とものうら》にあって、毛利氏の庇護をうけていた。そしてこれも周知のとおり、毛利氏は織田軍の先手である羽柴秀吉と和議をむすび、秀吉の中国大返しを何もせずに見送っている。義昭は光秀の謀叛を知らなかったのである。また、信長の死を知った後も、ついに義昭は毛利家を動かせなかった。

最後にイエズス会黒幕説だが、この説はまるっきり想像と妄念の産物である。南欧（スペイン・ポルトガル）には世界を植民地化した兵力と軍事技術があり、それが信長の畿内制圧に寄与した。あるいは鉄砲や硝石、大筒もイエズス会が信長に供与したものである、などと云う。

明治維新のときにイギリスが薩摩を、フランスが徳川幕府を支援したのと同じような、後進国的な歴史観で描かれるのが、イエズス会黒幕説の特徴である。この説に史料的な基礎はまったくない。そもそもイエズス会は、プロテスタントの勃興におどろいたローマ教会がカウンター運動として組織した行動的な宗教運動だが、全世界に教士が千人ほどしかいない弱小組織である。彼らは信長を支援する立場ではなく、信長に布教を庇護される立場だったのである。

種子島への鉄砲伝来から時をへることなく、堺や根《ね》来《ごろ》、国友の鉄砲職人たちは自力で火縄銃を造るようになっている。当初は螺旋状のネジの構造がわからなかっただけで、おそらく江戸期の鉄砲とほぼ同じ程度の、金属加工精度の高い大小の火器が信長の時代にはつくられていた。これについては、イエズス会自身が驚いている。外国勢力から技術的な支援を受けなければならないほど、日本の技術は低くなかったのだ。

余談になるが、その堺の鉄砲職人の末裔がスポーツ自転車のパーツで世界シェアナンバーワンブランドである。釣りのリールや手づくりの工作機器においても、日本ブランドを超えるものは世界に皆無である。さらにいえば、戦国時代末期には三十万挺の火縄銃が日本にあったとされ、この数からは世界最大級の鉄砲隊が編成できたであろう。秀吉の朝鮮出兵の緒戦の勝利とは、まさにこの圧倒的な火器によるものだった。

じつは本能寺の変後、イエズス会の面々は、とても世紀の陰謀の黒幕とは思えない災難に遭遇している。

イエズス会のオルガンティーノは日本準管区のナンバー2で、京都の教会長を兼ねていた。そのオルガンティーノは安土教会にあって、本能寺の変が伝わるや琵琶湖に脱出する。黒幕が脱出していたのでは仕方がない。そしてその途中で追い剥ぎに遭い、聖書や衣服を奪われてしまうのだ。さらに漁民たちに監禁されているところ、同行していた信者のなかに光秀を知っている者があったので、明智の手の者に助けてもらった。ところが、オルガンティーノ一行は坂本城(光秀の居城のひとつ)に連行され、ジュスト高山(右近)が光秀に味方するよう、書状を書かされる。

こうしてイエズス会と光秀の接点が出はじめるのだが、オチが振るっている。オルガンティーノは二通の手紙を書き、ポルトガル語で書いた手紙には、暴君光秀の言うとおりにはならないようにと記したのである。信長に手厚く保護されていたイエズス会は、最初から光秀の敵、いや光秀こそが彼らから庇護者・信長を奪った敵だったのである。この結果をみれば、イエズス会黒幕説がいかに荒唐無稽な妄想かがわかるというものだ。

本能寺の変で、いちばん損をしたイエズス会

最近では信長の四国政策の変更が、光秀謀叛の動機という説（桐野作人氏など）が支配的だ。すなわち四国の覇者・長曾我部氏の処遇をめぐって、光秀の面目がつぶれる流れとなったからだとされる。じつは、信長は本能寺の変の二年前、長老格の佐久間信盛らの怠惰を責めて追放しているが、その管轄する山崎や刈谷などの領地を、自分と息子・信忠で分割している。

さらに三男の信孝に讃岐を与え、四国派遣軍の大将に任じている。つまり信長は、自分と息子たちで軍事的要衝を押さえることで、政権の中枢を安定させようとしたのである。これは俗説（根拠のない推論）だが、明智光秀が丹波・坂本を信長に召し上げられ、まだ平定していない西国を与えると言われ愕然としたというのは、これら信長晩年の身内ひいきを解釈してのものと思われる。

そのほか、家康黒幕説、秀吉と光秀の陰謀説、堺商人黒幕説、はては本願寺黒幕説など、想像をたくましくすれば何でもありの黒幕説だが、いずれも基本的な一次史料（当時の記録）を欠いている。きりがないので、ここまでにしておこう。

光秀に政権運営の計画はあったのか？

本能寺の変には、黒幕はいなかった。したがって計画性に乏しく、衝動的であるがゆえに起きた奇跡である。明智光秀は信長の入京を待って謀叛を決断したのであって、のちの結果にみるように光秀はあらかじめ

孤立無援だったといえよう。したがって信長父子を討ったあとに、彼ができる天下の仕置きは限られていた。

まず光秀は朝廷に献金することで、謀叛の正当性を謀ろうとしている。しかし、朝廷が光秀の忠勤をみとめたところで、それが何ら政権の担保にはならないのは足利将軍に近侍していた彼自身がいちばんよく理解していた。鎌倉時代の承久《じょうきゅう》の変いらい、錦旗《きんき》は正当性と権威をうしなって久しい。

光秀が京都の支配よりも先に行なったのは、安土城の織田残党を駆逐することだった。安土では信長の悲報が伝わったころ（午前十時ごろ）から、尾張をめざして逃げる者たちが出はじめていた。三日の午後、留守居の責任者である蒲生賢秀は、信長の側室たちを連れて安土城を退去した。安土城址に行かれた方はわかると思うが、美麗な外観はみごとでも縄張りの規模がせまい小城である。とても篭城できるような城ではない。

かつて侍女たちが信長の留守中に城を空けて、寺参りをした廉《かど》で成敗されたこともあった。あるいは弓衆の長屋から出火したのが女房を伴わなかったからと裁断し、尾張の家を焼いた果断なる信長。あるじが居なくなったとき、安土城の人々はどんな思いで退去したのであろうか。

それにしても、織田家の脆弱さは覆うべくもなかった。つい二ヶ月半ほど前に、甲斐の武田氏を滅ぼして東国の諸将に、その実力を見せしめて交誼をむすんだばかりなのである。残すところは北国の上杉、中国の毛利。九州も交渉のある大友を先手に、南端まで平らげるのは難事ではないだろうと思われた。そしてあまりにも全国制覇が順調なので、四国を切り取りしだいに任せると約束していた長曾我部を討伐の対象にしていたはずである。

けっきょく織田家は信長の家であり、親族と馬廻り衆（親衛隊）で組織をピラミッド型に改組する前に、信長の死で瓦解してしまった。もしも信忠が生きて京都を脱出していたとして、安土城に立てこもって英雄的に戦えば、あるいは織田嫡流の政権が維持されたかもしれないが、家臣たちとともに尾張に落ち延びていたら、やはり織田家は実力派家臣団の合い争う簒奪劇はまぬがれなかったであろう。カリスマであり性急な性格であるがゆえに、組織づくりに時間を割けなかった信長の敗北である。

安土城は簡単に落ち、光秀は信長が蓄えていた財宝を配下の者たちに分けあたえた。その後の光秀は、政権の正当性を主張するためにも、長いあいだ京都を離れるわけにはいかなかった。しかし、京都は安土以上に守りにくい場所である。

かつて、平氏が源氏の挙兵にさいして京都を捨てたのは、水軍を頼ったのと同時に京都の守りにくさゆえだった。のちに、豊臣秀吉が鴨川沿いに百三十をこえる寺社をあつめ、寺町をつくったのは寺社を城砦に見立て、京都に巨大な城壁を造ったのにほかならない。そのなごりが、現在の寺町通りである。

光秀は秀吉が中国大返しに成功し、摂津にいた神戸信孝《のぶたか》（信長三男）がこれに合流したのを知ると、山崎（および天王山）が決戦場になると見据えていた。ここで西国街道を上ってくる秀吉軍を迎え討つことにした。

C あっけなく敗れ去った光秀に、何らの計画性はなかった

東海道新幹線で大阪から京都に近づくと、サントリー山崎蒸留所を左手に、右は石清水神社がある丘陵を望める。やがて新幹線の軌道が右に急カーブをきり、

このあたりの地形の狭さを感じさせる。おそらく当時はもっと狭かったであろう淀川右岸で、光秀軍は秀吉軍を寸断、撃破する構えだった。

だが、それにしても光秀には兵力が不足していた。これよりさきに、縁戚である細川藤孝《ふじたか》・忠興《ただおき》父子に書状をおくり、摂津・但馬・若狭をあたえる旨つたえ、このたびの弑逆《しぎゃく》は忠興ら若い者を取り立てんがためのものであった。自分は隠居してもいいなどと言葉を尽くしたが、細川藤孝は頭をまるめ、忠興は光秀の娘である正室・玉（のちにガラシャ）を幽閉してしまった。もっとも信頼していた縁戚に見捨てられたのである。

親交の深い筒井《つつい》順慶《じゅんけい》にも使者を送ったが、順慶が大坂方面に出陣したとの報にしたがって出向いてみると、洞《ほら》ヶ峠《とうげ》で待ちぼうけをくらった。そののち、順慶も秀吉軍に合流してしまった。光秀はやむなく、淀城の修理に取りかかった。秀吉軍を入京させてしまえば、大義のない光秀は謀反人として都落ちする身になるしかないのだから。

そしてその頃、決戦場と見据えていた山崎は、秀吉軍の兵力が侵すところとなっていた。光秀はやむなく、勝竜寺城に陣を張った。秀吉勢は神戸信孝・丹羽長秀・黒田官兵衛・池田恒興・中川清秀・高山右近ら四万の兵力。対する光秀の軍勢は一万六千ほどであった。

勝負はあっけなかった。鎧袖一触《がいしゅういっしょく》、光秀軍はたちまち崩れた。勝竜寺城に逃れたが、かえって包囲される有り様だった。光秀はこの古城をまもる困難を知っていたので、夜陰にまぎれて脱出した。光秀は大津をめざしたとされているが、小栗栖村《おぐるすむら》の土豪に殺されてしまった。

まがりなりにも機内の天下を手にした光秀に、ほかの方法はなかったのだろうか。光秀も織田の被官にかぎらず、可能なかぎり各地の武将に書状を書き送っている。先にみた上杉家臣への手紙は、おそらく柴田勝家が動けないよう対峙してほしいという、使者の口頭の連絡があったかもしれない。

これも将軍義昭黒幕説を覆す史料になるが、雑賀衆《さいか》の土橋平尉あての光秀書状がある。

「仰せの如く未だ申し通ぜず候処に、上意馳走申し付けらるるに付きて、示し給い快然に候。然して御入洛の事、即ち御請け申し上げ候」(『森家文書』)。さっそく訳してみよう。

仰られるとおり、これまで貴殿とは連絡を取ってきませんでしたが、将軍の御意志により奔走するようご連絡いただき、たいへん喜んでおります。将軍ご入洛の件はたしかに請け負いました。

つまり将軍義昭が光秀に、光秀と親交のなかった土橋平尉をつうじて、将軍入洛に協力するよう求めたことへの返事なのだ。日付は六月十二日(山崎の合戦の前日)であり、遅きに失した感はあるものの、光秀は偶然にも足利将軍というカードを手にしたのである。

いや、義昭が雑賀衆を頼りにしなければならないところに、このカードの切り札としての無意味さがあった。

それにしても義昭は、毛利一門を畿内に差し向けることが出来なかったのである。毛利元就いらいの遺訓、天下には関わるなという家風。そして小早川隆昭の黒田官兵衛との入魂は、果断さに欠ける当主・毛利隆元を動かすことはなかった。

●武田勝頼と上杉景勝――偉大な先代の業績に苦しんだ二世たち

いっぽうは織田信長によって甲斐源氏いらいの血脈を断たれ、またいっぽうは信長の死によってふたたび大大名の道をあゆむ、好対照のふたりの武将があった。武田勝頼《かつより》と上杉景勝《かげかつ》である。

ともに偉大な親を持ったがゆえに、必要以上の苦労を背負わなければならなかった。そんな戦国時代の御曹司だが、その労苦の責はむしろ彼らの親たちにある。

上杉謙信においては、みずからの死後の後継者を明言しなかったがゆえに、思いもよらない後継争いという内乱の種をのこした。景勝はそれに勝ち抜いたものの、越後およびその分国の国力はいちじるしく低下せざるをえなかった。

一説には、北条三郎景虎《かげとら》が東国一の美少年で、稚児好きの謙信は彼を寵愛したという。そのいっぽうで、景勝も謙信に寵愛されている（「喜平次宛上杉輝虎書状」「伊呂波尽手本」＝関東の陣営から送られた景勝宛の謙信書状。いずれも上杉博物館所蔵）。二人の養子を寵愛したがゆえの、謙信の決断のなさが災いしたのである。

武田信玄においては、駿河攻めによって甲・相・駿の三国同盟を崩壊させ、織田信長との縁戚化政策も美濃侵攻によって破棄してしまった。北方の脅威・上杉があるにもかかわらず、である。少なくとも家康を無二の同盟軍とした信長のように、信玄が盤石な盟友を得ることはなかった。信玄の戦略眼の限界があるとしたら、外交政策の唯我独尊主義であろう。

この甲越・二国の後継者は、戦国末期にいたって同盟関係を結ぶことになる。上杉家の後継者争いにおいて、武田勝頼が両者を調停するうちに景勝側が有利に転じ、そのまま甲越同盟が結ばれることになるのだ。

しかし、これには上杉謙信の生前から、対織田信長の攻守盟約があったとされる。京都を追われた将軍・足利義昭の「北条・武田と和して幕府再興に尽力する旨」の要望に従い、謙信が北陸方面に侵出するさい、甲越の和睦がその環境づくりとなったのである。この要望は六角氏と毛利氏からそれぞれ謙信のもとに寄せられ、具体的には織田信長と対峙する本願寺の側に、謙信も信長と手を切って参加するよう求めたものである。信長と長篠合戦を戦い、本願寺の顕如を叔父にもつ武田勝頼が、打倒信長陣営の側にいるのは言うまでもない。

そうした下地もあって、謙信没後も勝頼は上杉との盟約を頼みにしていた。東の北条とむすび、北の上杉と結んでいるかぎりにおいて、織田・徳川連合軍も容易に武田領を侵すことはできないはずである。関東甲信越軍（武田・上杉・北条）と東海畿内軍（織田・徳川）の戦い、ということになるわけだから。

ところが謙信没後、上杉家の後継者争いが勝頼の政治構想を土台から崩壊させた。上杉景勝は越後上杉一門衆の筆頭であり、いっぽうの上杉景虎（北条三郎）は北条氏本家が関東管領・山内上杉家の後継者にと期待していた。しかも両者は対立が明らかになるや、越後・越中を二分するほどの勢力を有していた。

息子たちは、偉大な親のライバルと手をにぎる

そして上杉景虎が後継争いに敗れたとき、勝頼は景勝と正式に同盟をむすんだ。妹の菊姫が景勝に嫁し、縁戚となったのである。そして同時に、大量の黄金および上野領の譲渡とひきかえに、妻の実家である北条氏との同盟関係が崩壊したのだった。甲・越・相の三国同盟で織田信長・徳川家康連合軍の圧迫に対抗しようとした、勝頼の政治構想はついえた。

その後、懸命の努力と巻き返しにもかかわらず、織田信長の甲斐攻略の政治戦略は、真綿で首を絞めるがごとく勝頼を追いつめる。いっぽう、上杉景勝もまた謙信が獲得した加賀・越中の分国を織田勢に奪われ、国内では新発田氏の叛乱を抱えていた。

勝頼が戦国末期に滅び、景勝が永らえて江戸大名になるのは、わずかに本能寺の変という政変が起きた時間によるものであって、越後が織田信長の拠点からより遠かったからにすぎないであろう。

生涯をまっとうした景勝は、その性格が今日によく伝わっている。いっぽうの勝頼は、三十七歳という若さで斃れたがゆえに、一門の統率者としての器量、武将としての技量が問題にされてきた。ここでは、勝頼においてはその悲劇的な立場を、景勝においてはその生涯においての人間の磨かれかたを見てゆくことにしたい。

●武田勝頼は正統な後継者ではなかったのか？

勝頼は勇猛果敢な性格で、それゆえに自信家であったと伝わっている。長篠合戦時前夜の勝利を確信した余裕のある書状、そしてその文言のまま前後に敵を抱えながらの猪突。太田牛一が『信長公記』に記しているとおり、勝頼が長篠城を攻囲したまま高台にとどまっていれば、兵を損じることも敗北もなかったであろう。

その勇猛果敢はおそらく、諏訪四郎勝頼という武田氏においては傍流の出だったことに起因するとされてきた。武田氏では永禄《ろく》十年（一五六七）に信玄の嫡子・義信が自害に追い込まれた。同時に守り役の飯富《おぶ》虎昌が謀叛の噂で、義信の家臣八十名とともに討伐されている。この親子対立の背景にあるものは、今川攻めをめぐる政治路線の違いだった。信玄は今川を滅ぼして駿河の海を得るために、嫡男を自害に追いやったのである。勝頼が義信よりも有能であったかどうかは、われわれにはわからない。

信玄の次男・信親（竜芳）は盲目で僧侶、三男の信之は十歳で亡くなっている。諏訪家の跡取だった四郎（勝頼）が、こうして武田の後継者に浮上したのである。甲斐源氏の名門という武田氏の格式が、このさい勝頼の立場を微妙なものにした。そこで、一説に「勝頼は信勝《のぶかつ》（織田氏養女との一子）の陣代であって、一時的な国主にすぎなかった」とされる。『甲陽軍鑑』の記述を根拠にした説である。

それゆえに、勝頼は家臣団の信頼を得ようと無理な出陣をかさね、いたずらに国力を疲弊させた。勇猛果敢な大将ではあったが、老臣の意見が自分をあなどるものと思い込み、耳を傾けなかったなどと評される。それらの理由の多くは、勝頼の出自が甲斐ではないからだというのだ。

勝頼が歩んだ道をたどってみよう。信玄が果たせなかった高天神城を攻略、天正二年（一五七四）には秋山信友をして美濃の明智城を攻略させている。武田氏の版図（領土）はこのとき最大になった。まことに勇猛果敢な若大将の意気である。

しかし、天正三年（一五七五）五月、長篠の合戦で織田・徳川連合軍に大敗すると、そこから先は暗転した。岩村城が失陥し、ついで篭城する高天神城にはついに救援の兵を送れなかった。信長はわざと城兵の降伏をゆるさず、勝頼が救援できないことを天下に知らしめたのである。これで武田の棟梁としての勝頼の権威は失墜した。

すでにみた上杉後継紛争の勃発および景勝との同盟は、滅亡への道だった。信玄いらいの「人は石垣、人は城」という武田武士の城砦に拠らない結束は、新府城の築城による負担が従兄・木曽義昌の離反となって、織田・徳川連合軍および北条氏の侵犯をさそった。その後は有力家臣の離反があいつぎ、わずかひと月で武田氏は滅んだ。

だが勝頼が「陣代だった」というのは、他の同時代史料をみれば講談的な逸話にすぎないと判る。元亀元年（一五七〇）に、信玄は勝頼のために一色藤長に官途と偏諱《へんき》の下賜を

いったん流れを失えば、悪い方向にしか作用しない

依頼している。将軍家に一万疋《ひき》（二五〇貫文）、一色氏に五千疋の所領を献上するとある。つまり信玄は勝頼に国主にふさわしい位階と名前を与えようとしていたのだ。そのいっぽうで、長篠敗北後の勝頼が長男の信勝に、国主の地位を委譲しようとしていたのも史実だ。これは織田信長との和睦を、ひそかに工作したものにほかならない。

すなわち、勝頼が官途名を左京大夫から大膳大夫《だいぜんだいぶ》に変えていることで、元服した信勝に家督を譲る準備をしていたという説である（『戦国遺文月報』５「武田勝頼と信勝」丸島和洋）。武田氏においては、はじめに左京《さきょうの》太夫《だいぶ》を名乗り、晩年に大膳大夫を名乗る倣いであった。

丸島氏はこのとき、勝頼が信長の孫・信勝を後継者にすることで、信長と和睦をはかろうとしたのではないかとしている。してみると、『甲陽軍鑑』に伝承された「陣代」なる勝頼の立場も、このときの和睦工作が何らかの変容をしながら伝わったのではないかと思わせる。いずれにしても、勝頼が美濃岩村城攻略のときに甲斐に連行した信長の四男・勝長を返していることから、信長との和議を本気で考えていたのは確かである。

しかしながら、甲斐を北条氏をはじめとする関東勢との緩衝地帯にしたかった信長には、武田氏壊滅は既定方針だった。果断には果断をもって報いる、信長の冷酷さが近世の絶対権力をやがて招来させるのである。

◘上杉景勝は笑わなかったか？

謙信亡き後の、上杉後継争いはすでに述べたとおり、勝頼の調停もあって景勝に凱歌があがった。越後府中の館にちなんで「御館《おたて》の乱」とよばれるこの政争は、じつは上田長尾と呼ばれる景勝の出身母体と、古志長尾（謙信の出身母体）をはじめとする長尾一門主流派との争闘でもあった。越後の国人領主が真っぷたつに割れたのは、この派閥の存在によるものだ。

その意味では、上杉においても謙信というカリスマが逝ったあとに、強力な統率者が待望されたといえよう。しかしそれは、親和的で反逆の少なかった謙信時代の越後、あるいは関東勢や揚北衆《あがきたしゅう》（本庄繁長《しげなが》・佐野昌綱《まさつな》・北条高広《きたじょうたかひろ》ら）が何度そむいても許す謙信とはちがい、荒々しい決定力をもとめられる戦国末期の戦いだった。したがって、御館の乱は終息したのちも反対派の絶滅戦・与党も内部粛清がつづき、越後の国力は低下した。柴田勝家らの織田勢が侵攻して来ると、たちまち滅亡の危機を迎えたのである。そんな上杉家にとって、本能寺の変はまさに僥倖だったといえよう。

過酷な内乱の中から確立された景勝の権力は、一糸乱れない統率のとれた近世的な軍団だったという。言い伝えられる景勝の性格も、おそらくそんな軍勢の外観から印象づけられたものではないだろうか。

よく知られる景勝の性格として、感情をおもてに出すことがほとんどなかったとされる。飼っていた猿があるとき、景勝の席にすわって彼の物まねをしたところ、景勝はその可笑しさに思わず笑みをこぼした（『上杉将士書』）。これが生涯で一度だけ、家臣たちの前で見せた笑顔だったという。また、上杉勢が富士川を渡るとき、兵が先を争って乗り込んだため、舟が転覆しそうになった。それを見た景勝が手に持っていた鞭をひと振りすると、兵たちは縮み上がってわれ先に川に飛び込んだという（前出書）。

大坂の陣では赫々たる戦果を上げた（鴫野《しぎの》の戦い）あと、家康の交代命令をつたえに前線を訪れた使者に「弓箭《きゅうせん》の家に生まれ先陣を争い、今朝より身を粉にして奪い取った持ち口を、上意とはいえ他人にまかせることはできない」と断わった。使者は上杉勢が一糸乱れず、敵陣に向かっているのを見て言葉を返せなかった。家康も「さすがは景勝の上杉軍だ」と、感心したという。

いっぽう、信頼できる史料（書状）をみると、けっこう笑ってもいるようだ。天正壬午の乱の北信濃争奪戦のとき、北条氏直が率いる北条勢二万と八千の兵で対峙した景勝は「不甲斐ない臆病者どもなので笑ってしまう。彼ら（北条勢）が自滅して退散したので、こちらも兵を引き返すことにした」などと、蘆名《あしな》氏家臣の遊足庵淳相《ゆうそくあんじゅんそう》に書き送っている。

蘆名氏は景勝が味方に引きつけておきたい相手だから、上杉勢が戦わずして勝ったと知らせ、さらにその風評が伝わることを期待しての書状であろう。しかし、景勝が「笑ってしまう」と書いているのだ。景勝も鉄仮面のような男ではなかったのだなと、わたしたちに教えてくれる書状だ。

真田信繁を客将として厚遇した景勝

そんな景勝は、人質時代の真田信繁を厚遇している。旧領の屋代のうち千貫文（二千石）の知行を与え、いわば客将として扱っているのだ。天正壬午の乱では、当初上杉側に立ちながら北条に従った経緯があり、同盟関係に信繁の人質は不可欠だったが、単なる人質とは考えていなかったようだ。

上杉家には武田信玄と信州の覇を争った経緯から、村上義清やその子・山浦国清をはじめ、客将を家臣にする伝統がある。あるいは景勝は、信繁の将来性を見込んで家臣団に組み入れる考えがあったのかもしれない。『藩翰譜』には、天正一二年（一五八四）に景勝が上洛したとき、秀吉に大坂に人質になっている信繁を返してくれるように申し入れたが、これを容れられなかったとある。

●北条氏政《うじまさ》の公儀――日本型の無責任評定に、天下への道はなかった

永禄年間（一五五八〜）から天正初期（一五七三〜）にかけて、上杉謙信・武田信玄とともに、越・甲・相の関東三国志を演じた北条氏康《うじやす》の嫡男である。滝山城主大石氏を継いだ弟の氏照《うじてる》、おなじく秩父藤田氏を継いだ弟の氏邦《うじくに》らとともに、氏康の安定した経営能力を、ある時期まではそのまま正統に継承した。

しかし、父・氏康の時代とはちがって、戦国末期の激流は果断さを欠く「御本城《ごほんじょう》さま」（北条家当主）の力量では抗《あらが》えないものがあった。世界史的には絶対主義権力（近世の王政）とつうじる天下一統の時代、関東経営に安住しているだけでは存亡すらも危うい。そのことに氏政は気付いたふしがない。

その意味では、上杉後継戦争の中途半端な出兵がもたらした武田勝頼の離反は、果断さを欠く以上に戦略のなさを露呈した。

緒戦においては滝川一益を敗走させながら、天正壬午の乱初期において上杉との和議を

成したのも、主敵を上杉景勝の背後にいる豊臣秀吉とするのか、それとも領国を接する徳川家康とするのか、これまた戦略的視野に欠けている。けっきょく両者と和することで、三鼎立《ていりつ》のまま主導権を握る突破口を見いだせなかった。したがって軍事的にも、寡兵の徳川勢に敗退するなど、はなはだ精彩を欠いている。

そして、あまりにも戦略的な視野を欠いた、家臣・猪俣邦憲による名胡桃城略奪である。当時の北条氏は、豊臣秀吉への宥和政策を主張した異母弟の北条氏規《うじのり》と松田憲秀《のりひで》の一派、氏照・氏邦らの決戦派、そして氏政は嫡男の氏直《うじなお》とともに中間派だった。俗にいう小田原評定《ひょうじょう》の本質とは、豊臣傘下の諸大名に包囲されてから始まった軍議ではなく、秀吉の上洛命令を無視するにいたる、誰が積極的に主導するでもない、議論のあいまいさにほかならない。何も決まらない評議なのである。

これは北条氏が鎌倉幕府の評定をモデルに、戦国大名としては先進的な官僚体制を整備していたから、ぎゃくに風雲急を告げるときに決断力を欠くことになった証左であろう。その意味では早すぎた政治体制の弱点というべきかもしれない。このとき北条氏政は当代をしりぞいていたが、一国の命運を差配する立場には誰もいなかった。つまり、なりゆきに任せたのである。

わたしはこれを、極めて日本的な組織の弱点だと考える。二〇二〇年の東京オリンピックの新国立競技場問題において、いったい誰が責任者（決定者）なのかわからないまま推移し、安保法案の成立に苦慮する安倍首相が目くらまし的に「英断」を下したのは記憶に新しい。

責任のある立場にいる者が、積極的に決断を下して職務を全うしようとしない。それは流れと空気に支配されたまま、空気が変わらないうちは動けない、親和的な日本社会が生み出すものではないか。空気を読むとはまさに、流れに掉《さお》ささないという意味である。北条氏の無為にたいして、時々の真田一族の決断が際立って感じられるのは、おそらく余計

決定できない軍議、戦略的視点を欠く評定

な評議組織を持たなかったからであろう。

犬伏での真田父子三人の会議（徳川に付くか、石田三成に付くか）のおり、三人が民家から出てこないのを気にして様子を見に来た河原綱家は、昌幸に下駄を投げつけられてしまう。「誰も来るなと言ったのに、何ごとか！」というわけであろう。ために綱家は、前歯が折れたまま生涯を送ったという。

織田信長は「眼中人なし」の独断専行をモットーに、上杉謙信は神のお告げを軍議の決定としたが、そこは家族主義の真田一族である。父子だけの密室でしかし、三人でみごとに戦略的決定をものしたのである。

豊臣政権と真田一族——政争の具とされた真田家

徳川と北条が和議を結び家康が上田攻めに乗り出したとき、真田一族は上杉を通じて豊臣系の大名になったと考えてもいいだろう。昌幸は上田合戦後、より強力な後ろ盾を得るために秀吉と交渉を始めた。秀吉からはつぎのような返事があった。

「対天下、家康表裏相構候儀、条々有之付而、今度石川伯耆守為使、相改人質以下之儀申出候処ニ、家康表裏重々有之段、彼家中者にも依存知、家康宿老共之人質不出付而、石伯去十三日足弱引連、尾州迄罷退候事
此上者、人数を出、家康成敗可申付ニ相極（後略）」

【超抄訳】天下に対して家康が表裏を構えてきたので、石川数正を使者に家康の重臣たちに人質を出すよう求めたところ、重臣たちは家康の表裏あるのを知っているから人質を出さなかった。石川は困って家族を連れて尾張までまかり越して来たものだ。このうえは、兵を出して家康を成敗するよう申し付けるところだ。

さらに秀吉は、信州と甲州のことについては小笠原貞慶・木曽義昌と相談するようにと申し添え、春までには家康成敗を実行に移すので用心するようにと伝えている。

秀吉こそが「表裏比興の者」だった

ところが、翌年（天正一四年）になると、秀吉はあっさり家康と和解してしまう。妹の朝日姫を夫と離縁させて家康に嫁がせ、なお家康が上洛をためらっていると、母親の大政所まで人質に出して家康の大坂出仕を請うというありさまだった。そして家康がふたたび上田を攻めようと駿府まで出張ったときは、家康の家臣・水野惣兵衛に「真田を討ち果たすのは家康のために良いことだ」などと書き送っている。

ほぼ手中にしかけている天下餅を、秀吉は家康に媚びてまで失いたくなかったのである。秀吉の奉行・石田三成と増田長盛が上杉景勝に対して「真田は表裏比興の者だから成敗を加えられることになった」「あなたも助けることがないように」と書き送ったのは、この時のことである。家康の恭順が決まると、すぐに真田征伐は中止されたが、これではいちばん表裏があるのは秀吉ということになる。

いずれにしても、この一件から真田一族は秀吉政権のもとで、家康指揮下の大名ということになったのである。昌幸は信繁を秀吉のもとに出仕させ、信幸を家康に謁見させた。信繁は秀吉の重臣・大谷吉継の娘を娶り、信幸は家康の重臣・本多忠勝の娘を娶ることになるのだ。

●豊臣秀次――悲劇の青年武将ありせば、豊臣家は滅びずにすんだ？

これまでの大河ドラマでは、すこぶる脇役に徹してきた人物である。天下の後継を憂える秀吉の喜悲劇の添え物、あるいは殺生をこのむ暗愚な御曹司という役回りであった。

今回の真田丸でどこまで人物像が掘り下げられるかはわからないが、わずか二十八歳で散った青年武将の人となりは人間らしくもあり、また当時では注目されるべき教養人でもあった。まず、その数奇な人生のあゆみを辿っていこう。

生まれは永禄一一年（一五六八）、秀吉の姉・とも（瑞竜院日秀）の長男である。父は弥助（のちに三好吉房）。秀吉が近江浅井氏の家臣を調略したとき、人質として宮部城（小谷城の支城）に送られた。このとき、宮部継潤《みやべけいじゅん》の養子になっている。六歳のときに長浜城（秀吉の居城）にもどり、天正十年（一五八二）に阿波の三好康長《みよしやすなが》の養子となる。

養父の三好康長は出家したとも亡くなったとも伝わるが、その実子も亡くなったために、秀次（この時期は信吉と名のる）が三好家を継ぐ格好となり、河内北山二万石の大名となった。秀次、十五歳のときだった。

そしてこの年、秀次は二万の軍勢をひきいる大将として、滝川一益の挙兵に対処している。これが事実上の初陣であろう。この時期、池田恒興《いけだつねおき》の娘と結婚。これは秀吉による織田家臣団内の多数派工作でもあった。賤ヶ岳の合戦にも参加し、翌年には羽柴信吉を名のる。秀吉の数すくない縁者のなかで、つぎの世代をになう最年長者として期待されたのである。

しかし、小牧・長久手の戦いでは失態を演じた。義父の池田恒興と義兄にあたる森長可が、家康の本拠・三河に攻め込む策（中入り）を秀吉につよく提案し、秀次は中入りの総大将になりたいと志願した。中入りは成功するかにみえたが、榊原康政・大須賀康高らの徳川勢の奇襲をうけて豊臣勢は敗走。池田恒興と森長可をうしなった。馬もなく逃げ帰った秀次に、秀吉は「家臣を見殺しにする大たわけ」と激怒した。さらに五箇条の折檻状を送りつけたという。

天正一三年（一五八五）秀次十七歳の年に、秀吉の紀伊雑賀攻めに参加する機会が得られた。三月二十一日の千石堀城攻めで、秀次は四方から猛攻撃をくわえ、一揆勢を皆殺しにして城を落とした。大手柄である。六月の四国征伐においては、秀長（秀吉の実弟）の副将として、三万の大軍をひきいて鳴門海峡を渡り、黒田官兵衛・宇喜多秀家らとともに長曾我部方の岩倉城を攻めて陥落させている。この勲功で秀次は近江に二〇万石、配下の宿老たち（山内一豊・中村一氏ら）の二十三万石と合わせると、四十三万石の大名（近江八幡山城主）となったのである。

天正一四年（一五八六）、秀次は従四位下・右近衛中将に叙される。同時に参議に推任された。天正一五年（一五八七）、従三位・権中納言。さらに天正一六年（一五八八）に聚楽第に後陽成帝の行幸を迎えたとき、天皇と関白秀吉に忠誠を誓う連署のうち、徳川家康・織田信雄・豊臣秀長についで、四番目に署名している。その儀典のあとに、従二位に

着実に地歩をかため、いったんは天下人となった秀次

昇叙。ときに豊臣秀次、二十歳の春であった。

天正一八年（一五九〇）の小田原攻めでは、堅固とされた山中城を半日で落とす武功をあげた。引きつづく奥州仕置きに参陣し、帰国後は尾張と伊勢北部五郡を知行にくわえ、百万石の大大名となる。そして天正一九年（一五九一）に叔父・豊臣秀長が亡くなり、秀吉の嫡男・鶴松が身まかると、秀次に天下人の後継がまわってきた。秀吉の養嗣子《ようしし》となったのである。

同年十二月四日、内大臣叙任。同二十八日、関白就任。聚楽第を政務所として、天下の差配を行なう。翌天正二十年（文禄元年＝一五九二）、二回目の天皇行幸を賜わる。秀次は二十五歳にして、形のうえでは天下人となってしまったのだ。絢爛たる貴公子、紅顔の若武者――。

秀吉が名護屋（博多）で唐入り（朝鮮出兵）に専念すると、京おもての政治は秀次が行なうことになった。諸大名の官位・昇叙、伏見城の普請、大政所（秀吉の母）の葬儀も秀次の指揮のもとに行なわれた。文禄への改元（一五九二年十二月八日）も、関白・豊臣秀次への世襲を区切りとしたものだとされる。

ところが、政権の委譲が済んだあとになって、淀殿の懐妊が判明したのである。太閤秀吉の子、秀頼の誕生である。文禄二年（一五九三）にじっさいに秀頼が生まれると、秀次の立場は微妙なものになった。『言経卿記《ときつねきょうき》』（山科言経）の九月四日の条によれば、秀吉は「日本を五つにわけて、その四つを秀次に、のこり一つを秀頼に譲る」と申し渡している。だが、十月一日の『駒井日記』（駒井重勝）によると、秀吉は「生まれたばかりの秀頼と、秀次の娘（当時一歳・のちの露月院）を婚約させ（前田利家夫婦が仲人）、将来は舅と婿の関係として二人に天下を継がせる」と考えるようになった。四対一だったものが、二人での共同統治となったのである。

そして文禄四年（一五九五）六月末、突如として秀次に謀叛の嫌疑が持ち上がった。鷹狩りと称して会合し、反秀吉の謀議を重ねているというものだ。この段階では噂にすぎない。

七月三日、聚楽第に石田三成・増田長盛・前田玄以ら秀吉の奉行衆が来訪して、巷間の噂を詰問した。秀次は疑惑を否定したうえで、神職の吉田兼治に神下ろしをさせて誓詞をしたためた（『家忠日記』松平家忠）。

七月五日、石田三成が秀次と毛利輝元の連判状があることを、秀吉に報告する（『毛利家記』）。秀吉はただちに伏見城への出頭を命じたが、秀次は事実無根としてこれに応じなかった。どうやら、連判状は事実ではなかったようだ。

七月八日、ふたたび山内一豊・宮部継潤・前田玄以・中村一氏・堀尾吉晴が使者として聚楽第をおとずれ、秀次に伏見に出頭するよう促した。宮部はかつての養父であり、山内・中村・堀尾は秀次の宿老だった面々である。

伏見に出頭してみると、登城も拝謁も許されなかった。秀次はそのまま木下吉隆（秀吉の右筆）の役宅に留め置かれ、やがて上使から対面は許されないので、高野山に行くように命じられる。秀吉への申し開きも何もできなかったのである。

七月十日、高野山青巌寺に入り、出家の身になる（号は道意）。いっぽう、秀次の妻妾は八日の晩に捕らえられて、徳永寿昌の屋敷に監禁されていた。二十八歳の秀次は、すでに継室（正室は早世）のほかに、三十人ほどの側室があったとされる。そのことごとくが、八月二日に三条河原で斬首されることになる。

七月十五日、福島正則・池田秀氏らが高野山に検使として来訪。ここで賜死の命がくだったことを告げた。切腹である。このさい、秀次は側近の者たちの殉死を手づから介錯したという。家臣のうち斬首された者二名、切腹が十五名、側近の殉死五名、流罪になった大名や公家が二十五名、処刑になった妻妾と子供・女房など三十九名という、苛酷な処分であった。

それでは、秀次に謀叛の意志はあったのだろうか。前出の『言経卿記』の七月八日の条には「関白殿ト太閤ト去三日ヨリ不和也、此間種々雑説有之」とある。七月三日の奉行衆の詰問については触れていないが、この間の雑説（噂）があるので、秀次と秀吉が不和になっているというものだ。

そして十三日「昨日殿下禅定於高野山御腹被云々、言語道断也、御謀叛必由風聞也」と言経は憤慨している。風聞に過ぎないのに、高野山で切腹を命じられたのは言語道断である、と言うのだ。言経が言うとおり、本当の謀叛であれば切腹すら許されないはずである。

もはや明らかであろう。秀吉は秀頼が生まれた当初は、秀頼を秀次の後継にと考えていた。しかし四対一の所領分割が半分ずつとなり、やがて秀次謀叛の風評におびえて、その抹殺を決意したのである。文字どおりの抹殺であり、係累をことごとく打ち首にする凄惨な結末だった。三条河原での処刑の惨状に、京わらべたちは太閤殿下の非道をなじったという。

◘「殺生関白」は本当だったのか?

さて問題なのは、真田丸の人びとの人物像にせまる本書の任務は、やはり秀次の人となりである。この人ほど貶められてきた人物も少ないであろう。というのも、「殺生関白」

なる風評が喧《かまびす》しいからだ。

太田牛一の『太閤さま軍記のうち』によると、鉄砲の稽古と称して北野あたりに出かけては、見かけた農民を鉄砲で撃ち殺し、弓の稽古と言っては往来の人を捕まえて射る、あるいは刀の試しに辻斬りをするなどの悪行が記録されている。太田牛一といえば戦国期では一級史料といわれる『信長公記』の著者であり、正確な記録には定評がある。伝聞といえども、秀次にそんな行状があったのは事実なのであろう。

『甫庵太閤記』（小瀬甫庵）によると、秀次は女人禁制の比叡山に登り、一昼夜の宴を催したという。殺生が禁止されている山中で鹿や狸、狐、鳥類を撃ち、山の衆が「桓武帝いらい、この地は殺生禁断・女人結界である」と抗議しても、秀次は聞き入れなかったという。はては鹿狩りを止めようとした僧侶たちの塩酢の器に、獲った鹿肉を突っ込むなどの行為

秀吉のわが子への執着が、豊臣家の弱体化を加速させる

をした（『太閤さま軍記のうち』）。

こうした評判が蔓延していたのであろうか、『日本西教史』（ジャン・クラッセ）によれば、秀次には「人を殺すのを嗜む蛮行の醜行があり、罪人が処刑されるさいには自ら処刑人をつとめるのが常だった」「罪人の四肢をひとつずつ切断し、あたかも鳥獣をさばくのと同じやり方で人間を解剖した」「最も残酷なふるまいは、妊婦の胎を割いて見たことである」と、思わず目を背けたくなるような記述がある。これをクラッセは、秀次に会ったことのある「フロヱー師」から聞いた話だとしている。このフロヱー師とは、ルイス・フロイスのことであろう。だがフロイスについては、秀次よりも秀吉のほうがより惨忍な暴君であると明記している。

ほかに千人斬りの噂もある。正親町上皇が崩御して間もない時期に、関白にもかかわらず鶴を食した、検校を召して平家物語を語らせた。北野神社への参拝途上で座頭を殺したなど、悪評には枚挙のいとまがない。

記録することにおいては正確無比な太田牛一、そして過剰な表現が持ち味とはいえ、利害関係のない異人のルイス・フロイスからの伝聞である。秀次にはきわめて分の悪い証人たちだが、記録があまりにも細かいがゆえに、なかには反論できるものもある。

たとえば、前出の比叡山での狩りと乱痴気騒ぎについて、太田牛一は文禄二年（一五九三）六月八日の出来事と記している。だがこの日、秀次は山科言経卿を山里茶亭にさそい、夕食でもてなしているのだ（『言経卿記』）。そしてそこで、たしかに検校に平家物語を語らせている。少なくとも、叡山に女人をともなって登り、そこで鹿狩りをしたというのは濡れ衣であることがわかる。秀次も若気の至りで、なにがしか不心得な行状があったのは事実なのだろう。しかし、彼を殺生（摂政）関白と呼ばせる世の中の流れがさせる、秀次公の後世の評判がほとんどなのではないだろうか。彼もまた、勝者の歴史の犠牲者である。

秀次の文化人としての側面を見ておこう。彼は古筆を愛し、天正一六年（一五八八）には源氏物語を写本させている。養父の三好康長の影響で、茶道や連歌のたしなみは十代のころからで、十五歳で茶会の亭主役をつとめている。のちに利休を師とした茶人の交遊は、津田宗及、神屋宗湛《かみやそうたん》など、当代一流の茶人たちだ。秀吉の手ほどきで能楽にも通じ、みずから演じるばかりか公家や禅僧に謡曲の注釈書である『謡抄』を編纂させている。

ルイス・フロイスの『日本史』の言葉を引いておこう。「この若者は伯父（秀吉）とはまったく異なって、万人から愛される性格の持ち主であった。とくに禁欲を保ち、野心家ではなかった」秀次がキリシタンだったのではないかとする説さえ生まれる、フロイスの秀次評である。

少なくとも言えることは、秀次には旺盛な学習能力があったことである。武を池田恒興や宮部継潤、山内一豊らに学び、文を山科卿や千利休に学び、政を豊臣秀長に学んだ豊臣秀次ありせば、豊臣家の早期の没落はなかったはずだ。大坂の陣の時期に、頼りになる壮年武将といえば片桐且元ぐらいしかいなかった豊臣家の惨状を考えると、そんな思いがつのる。

「（秀次は）万人から愛される性格の持ち主であった」（フロイス）

◘小早川秀秋――政局に翻弄され、アルコール中毒に陥った貴公子

もうひとり、秀吉の親族で悲劇の青年武将がいる。小早川秀秋《こばやかわひであき》、北政所（お禰《ね》）の兄・木下家定の五男として、天正十年（一五八二）生まれ。彼が脚光を浴びる関ヶ原の合戦当時は、弱冠十八歳である。

三歳のときに秀吉の養子となり、秀勝（秀吉の姉・ともの息子）が亡くなると、七歳でその遺領丹波十万石を与えられている。この頃は秀吉の後継者と考えられていたが、秀頼が生まれる前に小早川家（毛利氏の支族）の養子となった。婿養子であった。

この人物を有名にしたのは、関ヶ原の合戦で西軍に属しながら寝返ったことをおいてない。このとき、彼のもとに両陣営から猛烈な誘いがあったのは周知のとおり。だが、単に利害で動いていたのだとしたら、三成が約束した百万石と秀頼元服までの関白職を選ぶべきだった。家康が約束してくれたのは、西国に二カ国だからである。また、西軍が優位な戦況で寝返る必要はなかった。

通説では秀秋がどちらに付こうかと逡巡していたところ、家康が鉄砲を放たせて決断をせまったということになっているが、じつはある理由で小早川勢は動けなくなっていたのだ。小早川軍の先手・松野重元《まつのしげもと》が「東方へ加勢の思し召しならば、初めより東方と仰聞らるべきに只今になりて東方に加勢するは楯裏の裏切り也。左様なる不義の軍法は小早川家には無き事に候」(『明良洪範』元禄年間)と、松尾山からの下山を拒否したのである。けっきょく松野重元はその場を動かず、戦いに参加しなかったとされている。

ではなぜ、秀秋は東軍を選んだのだろうか。秀吉の生前、慶長の役において秀秋は派遣軍の総大将だった。このとき大将にあるまじき振る舞いがあったとして、筑前名島三十万石から越前北ノ庄十五万石に転封。事実上の降格・減封である。この大将にあるまじき行ないが何なのか、一説には降伏した敵を斬ったとも、前線で矢面に立って戦ったなどと、両極端な伝承があるが定かではない。いずれにしても、このとき三成のことを酷く恨んだという。秀吉没後、ただちに家康ら五大老の合議で秀秋は旧領・筑前名島に復帰する。

このときの家康への恩義、そして黒田長政・浅野幸長らの説得、あるいは家老の稲葉《いなば》正成《まさなり》・平野頼勝らの政治工作が早い段階であったというのが真相と考えて間違いない。

関ヶ原合戦から二年後に没。狂死（大谷吉継の呪い）とする説もあるが、残された病歴からアルコールによる内臓疾患であろう。

◘北政所と淀殿――ふたりの対立や確執はウソだった？

北政所（お禰）と淀殿（茶々）この二人の女性、あらためて紹介する必要はないと思われる。しかしながら、関ヶ原の合戦を前後する二人の動き、そしてその立場は、史料をひもといてみると通説とかなり違うことがわかる。

通説――これはその時代に主流となった説という意味にすぎない。一般的にドラマや小説で描かれる二人の関係は、以下のようなものであろう。

秀吉の没後、石田三成・小西行長らの文治派と加藤清正・福島正則・黒田長政らの武断派の対立が豊臣譜代大名のなかで顕在化する（七大名による三成襲撃事件など）。朝鮮出兵時のふるまいが原因だとされる。やがてそれは、石田三成と徳川家康の対立に転化する。

三成が家康の専横を批判し、武断派の面々は三成排除にそれを利用した。このとき北政所は、豊臣家の将来を徳川家康に託し、幼少のころから母親代わりをつとめてきた清正・正則・長政らに、家康の陣営に立つよう諭したとされる。

いっぽうの淀殿は石田三成と親しく、徳川家の専横から豊臣家と秀頼をまもるために、武断派に対抗して文治派を支持したとされる。やがて上杉征伐を口実に家康が軍勢を動かすと、石田三成らが「内府の罪状」をあげてこれを弾劾し、全国の武将たちに挙兵を呼びかける。これが関ヶ原の合戦の基本構図である。

だがこのとき、史実では淀殿が家康に黄金二万枚と兵糧米二万石を贈っているのだ。名目は秀頼からの戦費として、豊臣家から下賜したものである。この時点で家康は、豊臣家の大老でしかなかったからだ。淀殿は石田三成派ではなく、家康の主君・秀頼の代理人として、東軍をいわば援助していたのである。

大坂城に毛利輝元（西軍の名目上の総大将）が入城し、秀頼の七手組（旗本衆）の一部が西軍に参加していることから、秀頼（西軍）＝淀殿・家康（東軍）＝北政所という図式を描きがちだが、そうではないことを、ほかならぬ北政所の動きから見てゆこう。

北政所は西軍の諸将（宇喜多秀家・毛利輝元ら）が豊国神社で必勝祈願をしたとき、代参りや自身が出向くなどこれを支援している。というのも、北政所の養女・辰姫は石田三成の三女であり、北政所と三成は縁戚関係にあるからだ。あるいは北政所の侍僧（尼）である孝蔵主《こうぞうす》も、三成の縁戚である（『石田三成とその一族』白川亨）。前述した「幼少のころから母親代わりをつとめてきた清正・正則・長政ら」も、史料的な裏づけがあるのは長政だけである（黒田官兵衛が有岡城に監禁されたとき、寝返りと思い込んだ信長が子の長政を殺すよう命じたが、北政所がかくまった）。武断派と称される清正・正則・長政らのメンタリティは北政所＝「おふくろさま」ではなく、ただひたすら文治派の頭目・三成憎しの一点であった。

石田三成の西軍を支援していた北政所

もうひとつ事実を記しておけば、関ヶ原の合戦で西軍が敗れた事実を知った北政所は、家財を勧修寺邸に移してそこに避難し（九月十八日）、入洛してくる東軍兵士の乱暴狼藉に備えている。そもそも、石田三成らの家康弾劾状の中に「北政所を大坂城の西の丸から追い出し、そこに居座った」ことが罪科に挙げられていた。北政所にとって家康は、自分の在所を奪う脅威だったのである。

ではなぜ、北政所が徳川家康派（東軍支援）で、淀殿が石田三成派（西軍支援）というフィクションがまかり通るようになったのだろうか。たとえば両者の確執については黒百合事件が挙げられる（天正一五年〈一五八七〉に佐々成政から北政所に献上された黒百合を、淀殿が粗末に扱った）が、これは一次史料によるものではなく江戸時代の創作と考えられている。

江戸時代に流行った男尊女卑の儒教思想に、その根拠をみとめることができるだろう。すなわち、淀殿が豊臣家を滅ぼした元凶として史書や講談ものに描かれ、「でしゃばる女」として批判されたのだ。いっぽうの北政所は神君・家康公と連携して、慎ましくも健気に天下の静謐を実現した。でしゃばらない「賢女」であったというのだろう。

そんな史書を記したのは、頼山陽『日本外史』であり、小瀬甫庵『太閤記』である。さらに明治時代になってから、渡辺世祐がこれらを頼りに『稿本石田三成』を著わし、昭和時代には司馬遼太郎ら歴史小説家たちが、北政所家康派・淀殿石田三成派という構図をさらに流布したのである。

これまでの大河ドラマにも、淀殿と三成がよしみを通じ、何となし男女の関係であるかのごとく描かれてきた。これはまったくの誤解（江戸時代の誤まった史書）から生じた関係であり、まったくもって史料的な根拠はない。

そもそも多忙な三成に不倫をする暇はなかっただろうし、主君を裏切る不義に身を染める三成ではない。これは有能な実務派であるがゆえに、武断派から恨みを買う三成の人がらとは、まったく別の忠義の問題である。むしろ出自からいえば、三成の石田一族が京極氏系につらなるのに対して、淀殿はその京極氏を圧迫した浅井氏であって、両者は敵対勢力の末裔なのである。つまり三成にとって、淀殿は仇敵の娘ということになる。

豊臣家のすすむ道を誤った、淀殿の秘密とは？

淀殿の男性関係を挙げるとすれば、何ごとも筋目をたがわない三成ではなく、幼なじみとされる大野治長であろう。この二人には、世をはばかる秘密があった（豊臣秀頼の項で詳述する）。

のちに徳川家康と淀殿が豊臣家の存亡をめぐって争う、大坂の陣を前提にしてしまえば家康と北政所、淀殿の三者の関係はわかりやすい。この結果から逆算したのが、北政所家康派という歴史観なのである。史実はぎゃくに、賢女であるがゆえに北政所は家康の野心を淀殿よりも鋭く見抜いていた。だからこそ、西軍（石田三成）を支援したといえるのだ。

徳川家康と真田一族――神君家康公の天敵となる

二度にわたって臣従（二度目は配下）し、おなじく二度にわたって干戈をまじえ、信繁にいたっては最期にいたるまで狙った首級の主。徳川家康は真田一族のことを、どう思っていたのだろうか――。

家康個人の思いを推論で読み解いてもしかたがないので、家康が政治と軍事において、どのように天下一統を果たそうとしたのか、段階を追ってみてゆこう。

家康が天下にその野望を果たさんとしたとき、軍事組織と指揮系統、貨幣政策（金貨の四進法）においては武田信玄を、政治組織と税制においては北条氏をモデルにしたといわれている。家康が個人的に武田信玄を崇拝していたこととは、これはまた別儀である。

前述したとおり、北条氏の政治体制は鎌倉幕府の公儀を基本にした恩給と奉公の関係であり、近世的な集団合議制ともいえる気風を持っていた。ために、その軍事行動はいかにも緩慢である。軍議の近世性のいっぽうで、行動における中世的な不徹底の残滓が決定力を二重に欠かせる。その意味で結論が出ない「小田原評定」とは、北条氏の統治の実態をよくあらわしている。だがこの緩慢さは、同時に官僚的な重みをもって、平時の統制には馴染む。江戸幕府の官僚的な完成は、北条氏の組織の延長にあるものといえよう。

いっぽう、武田氏の政治組織も国人領主の連合のうえに成り立つものだったが、信玄というカリスマのなせる個人独裁によって、個々の武将に対しては上からの命令系統をもつ軍事組織を実現していた。家康の組織はしかし、秀吉に対抗しながら天下をうかがう段になっても、いまだ三河と尾張、駿河、旧武田遺臣を束ねるような連合体でしかなかった。その弱点は、ほかならぬ真田攻めにおいて露呈してしまう。

三河いらいの家臣団の筆頭・石川数正がこともあろうに、秀吉に臣従してしまうのである。手勢百をともなう出奔であったという。石川数正は長らく秀吉との交渉にあたっていたが、その融和的な態度に徳川家臣団の内部から反発があり、政治的に孤立していた。

この石川数正の出奔を機に、家康は思いきった軍制改革を行なう、すなわち、甲斐武田の軍事組織に改変しようとしたのである。ここではもっぱら、指揮系統や合図、陣構えなどの純軍事的な改革が行なわれたとされるが、内部派閥をどのように制御し統合してゆくのか、家康自身も棟梁としての器量を問われることになる。そのとき規範にしたのが武田信玄だった。武田信玄を規範にするとはすなわち、父親追放および嫡男殺しという蛮勇を発揮することにほかならない。

家康は大坂攻めの前にも、大久保長安汚職事件（金奉行だった旧武田遺臣の長安が金を秘匿したとされる）をテコに、本多正信派と大久保忠隣派の派閥抗争を、本多正信派に肩入れ（大久保人脈の一掃）したうえで、蛮勇を発揮することで解決した。家臣団の一本化をはかったのである。これはこれで、反対派を駆逐する果断な手法が、信玄のそれを真似たように思われる。

のちに甲州流軍学（『甲陽軍鑑』の編者・小幡景憲が祖）が徳川幕府の主流となるように、家康は武田遺臣を組織に加え、とりわけ井伊直政の赤備え軍団は軍制改革の規範となった。そして松平家の系図を書き換えてまで源氏の長者となり、征夷大将軍の正統性を取り付けることで、豊臣家が逆立ちしてもできない武家の面目をほどこす。その実体をさししめす

武田信玄を尊敬し、目標にした家康

ものは足利氏（室町幕府）でも織田氏（信長）でもない、武田信玄の栄光の証し、赤備えと軍制改革だったのだ。

そんな家康の前に立ちはだかったのが、おなじ赤備えの真田一族である。真田を相手に二度にわたる敗退を経験しながらも、家康はその少数精鋭の機動力、周到な軍事計略、そして心意気に脱帽した。そして、とくに働きの顕著だった真田信幸にみずから本多忠勝の娘を養女としたうえで、信幸の舅となったのである。

いっぽう、昌幸と信繁については家康はどのように考えていたのだろうか。ここからは推論になるが、昌幸から信幸を引き離すことで、真田という厄介な一族をみずから手に入れたと思ったことだろう。

したがって、昌幸と信幸の影にかくれていた信繁が大坂の陣で驚くほどの武威を発揮したとき、家康は上田城の悪夢の再来を思い浮かべたであろう。そして最後は、悪夢が目前に襲来したのである。

■室賀正武《むろがまさたけ》――家康から昌幸暗殺を命じられる

信濃国小県郡の国衆で、武田信玄の配下となる。武田氏の滅亡後、織田家臣・森長可に臣従した。『加沢記』によると、天正一一年（一五八三）に徳川家康に所領の安堵状を受けている。同年、真田昌幸と戦ったが、間もなく和睦した。真田氏の麾下に入った事は不本意であったとされ、天正一二年（一五八四）、家臣の高井彦右衛門尉を家康の元へ使いに出し、家康より昌幸を謀殺すべしとの指示を受けたという。

その後、昌幸より居城・上田城に招かれたため、正武は一門の室賀孫右衛門を徳川氏の家臣・鳥居元忠の元へ派遣し援軍を要請した。だが孫右衛門は既に昌幸に内通していたので、上田城に駆けこんで昌幸に事の次第を報告した。孫右衛門はそのまま室賀家へ帰参したため、正武は経略が成功していると思い込み、桑名八之助、相沢五左衛門尉、堀田久兵衛らの家臣を引き連れて上田城へ参上する。正武は書院に通され、次の間に控えていた真田家臣・長野舎人と木村戸右衛門に斬殺された。正武が連れていた家臣たちも抵抗するが捕らえられ、真田氏に仕えた。室賀一族は甲斐国に落ちて行ったという。

◘阿茶局《あちゃのつぼね》(須和・雲光院)――家康好みの、デキるおんな

徳川家康は無類の女好きだった。正室が二人に、側室はわかっているだけで十九人におよぶ。英雄色を好むは家康にかぎったことではないが、政務のように子づくりに励んだ(息子十二人・娘十二人)信長に好色の性《さが》は感じられないし、姫狩りとでもいうべき秀吉(側室十三人だが、数十人という説も)の好色には剥き出しの獣性はあっても、愛情や思い入れが感じられない。そう、家康の好色には、どこか感情が豊かなのである。

ほととぎすの例えとともに、女性の好みでも三英傑は比較される。吉乃《きつの》など年増好みだったとされる信長に対して、秀吉は貴種好みで良家の姫君をターゲットにした。家康は庶民の女性や寡婦を好んだというが、ひとつ特徴的なのは政治に長けた側室が多いことだろう。

戦場にも同伴した英勝院(お梶という名だったが、関が原で戦勝した記念にお勝と改名させた)は春日局とともに奥向きを差配したと言われ、夫を代官に殺された件で家康の馬

前に出て仇討ちを訴えた朝覚院（お八・茶阿局）は、郷里の寺同士の紛争を解決する政治手腕を発揮している。

彼女たちの活躍に負けず、阿茶局は外交で手腕を発揮した女性である。神尾忠重の妻（一子あり）だったが、夫の死後に家康に召された。合戦にも従軍し、小牧・長久手の戦いの最中に懐妊するも流産。家康とのあいだに子はなかった。

大坂の陣にさいしては和議の使者をつとめ、淀殿と対面した。家康の死後もその才能を惜しまれて剃髪せず、外交で活躍した。徳川和子入内のときの功により、後水尾帝から従一位民部卿の官位を賜る。八十三歳で死去し、東京都江東区三好の雲光院に葬られた。

◘本多忠勝と本多正信――水と油だった遠縁の従兄弟

三河いらいの忠勇武功の者・本多忠勝（天文一七＝一五四八年生まれ）、かたや奔放に主君を代え、しかしながら家康に懐刀と思わせるほど重用された吏官・本多正信（天文七＝一五三八年生まれ）。

ふたりとも本多一門の系譜でありながら、真っ向から対立する武断派と文治派の代表であった。徳川家康の側近として、対照的な人物にその内部矛盾を語らせるとすれば、この二人をおいてほかにないだろう。これはもう人物設定の勝利である。

真田信幸の義父となった、本多忠勝の履歴から紹介していこう。天文一七年（一五四八）、本多忠高の嫡男に生まれる。幼いころから家康に仕え、桶狭間の合戦の大高城への兵糧入れで初陣を飾る。ときに十三歳であった。

家康を苦しめることになる永禄六年（一五六三）の三河一向一揆では、多くの本多一族が一揆に加担するなか、浄土宗に改宗して家康側で戦った。十九歳のころに旗本先手役（馬廻り衆の戦闘部隊）に抜擢され、与力五十四騎をあたえられる。元亀元年（一五七〇）の姉川合戦では、朝倉氏の豪傑・真柄十郎左衛門と一騎打ちにおよんだ。家康が武田信玄に翻弄された三方ケ原の戦いでは、武田の猛将・山県昌景《やまがたまさかげ》と戦い、これを押し返している。

長篠の戦い・高天神城攻めにも参陣し、その戦いぶりは敵味方を問わず賞賛された。

「蜻蛉《とんぼ》が出ると、蜘蛛の子散らすなり。手に蜻蛉、頭の角のすさまじさ。鬼か人か、しかとわからぬ兜なり」という忠勝を詠んだ川柳がある。穂先に止まった蜻蛉が真っ二つになった蜻蛉切りという愛槍、鹿角脇立て兜を「しかとわからぬ」に掛けている川柳である。生涯に五十七回の合戦に出てかすり傷ひとつ負わなかったというが、関ヶ原の合戦では落馬する光景が図屏風に描かれている。真偽のほどはわからないが、諸将の賞賛の言葉をつらねておこう。

「家康に過ぎたるものが二つあり、唐の頭（ヤクの尾毛の飾り物）に本多平八（忠勝の幼名）」（武田家臣の小杉左近）

「花も実も兼ね備えた武将である」（織田信長）

「日本第一、古今独歩の勇士」（豊臣秀吉）

「東に本多忠勝という天下無双の大将がいるように、西には立花宗茂という天下無双の大将がいる」（秀吉の小田原の陣における評）

本多正信のことを嫌悪していたらしく「佐渡（正信）の腰抜け」「同じ本多一族であっても、あやつとは全く無関係である」と言い捨てた。榊原康政とは同い年ということもあって仲がよく、長篠合戦では武功を競い合った。その長篠の合戦のあとは討ち死にした武田の武将を惜しみ、「勇猛な武将たちを亡くしたものだ。これからは、戦で血が騒ぐこともないであろう」と、家臣に漏らしたという。

忠勝に「あやつとは全く無関係である」と言われた本多正信の履歴は、たしかに忠勝と対照的である。正信は初め、家康に鷹匠として仕えたが、永禄六年（一五六三）の三河一向一揆では、一揆側の武将として家康を苦しめる側に立ったのだ。前述したとおり、本多一族が一向宗徒だったからである。

一揆が鎮圧されると、正信は徳川家に帰参することなく、大和の松永久秀に仕えている。信長をして「天下の大悪人」と言わしめた松永久秀に仕えたというだけで、もうこの人物の素性は明らかであろう。その後、『藩翰譜』（元禄一五年＝一七〇二・新井白石著）によると、加賀で一向宗とともに織田勢（柴田勝家）と戦っていたとされる。そんな人物が、なぜか徳川家に復帰するのである。旧知の大久保忠世のとりなしがあったという。ちょうど、本能寺の変の前のことだった。

機を見るに敏というべきか、信長亡き後の織田勢の凋落を尻目に、正信は家康の意を受けて武田旧臣を取り込んでゆく。調略の手腕には相当なものがあったのだろう。旧武田の精鋭を取り込むと、そのまま甲斐・信濃の政務を担当した。家康はこのような正信の才能を見抜いていたのであろう。

本多正信の悪魔のような才能が発揮されるのは、豊臣秀吉が亡くなってからの家康の専横においてだった。加賀の前田利長に対する謀議（謀叛の嫌疑に利長が屈服）、それにつづく上杉征伐までの謀略（景勝への謀叛の嫌疑）も、すべて正信の発案だったといわれている。

これは史実かどうかは不明だが、石田三成が福島正則・加藤清正・黒田長政ら武断派七将に襲撃されて家康を頼ったとき、正信は家康と阿吽《あうん》の呼吸で三成をかくまうことを確認

徳川版・武断派と文治派の確執

したという（『名将言行録』）。暗黙のうちに行なったこの措置は、関ヶ原の合戦を生起させるためのものにほかならない。のちに三成の嫡男を正信の献策で家康が赦免したのは、三成が自分たちの思惑どおり動いたことへの感謝だったと『名将言行録』は語る。

関ヶ原合戦が終わると、幕府の発足（家康の将軍就任）のために朝廷と交渉を行ない、首尾よくこれを成功させた。さらに自分が関わっていた本願寺（一向宗）の分裂を家康に献策し、これも果たしている。もはや家康の側近・参謀役である。秀忠が第二代将軍になると、正信は秀忠付きの年寄り（老中）に就任する（慶長一二年＝一六〇七）。幕閣となったのである。

だが、人の口にのぼるほどの武功がないまま出世した正信に、幕臣たちの不満がつのっていた。その急先鋒こそ本多忠勝であり、大久保忠隣ら武功派だった。ちょうど、豊臣政権における文治派（石田三成・小西行長ら）と武断派（加藤清正・福島正則ら）のように、徳川幕府のなかで本多正信派と本多忠勝・大久保忠隣派が冷戦状態となったのである。

ポルトガル船の疑獄事件（岡本大八事件）によって、一時的に正信および正純（長男＝

岡本大八の主君）は排撃されるが、旧武田家臣で幕府の金山奉行となっていた大久保長安が死ぬと、その汚職をめぐって正信らは反撃に出た。事件の概要を追ってみよう。

慶長十八年（一六一三）の四月。徳川家康が七十二歳、大坂冬の陣の前年のことである。大久保長安の没後、その遺骸は遺族と家臣によって出身地の甲斐に運ばれ盛大な葬儀が準備されるも、突如として家康はこれを禁じたのだった。すなわち、金山からの金銀を隠匿した横領疑惑である。

横領疑惑への処断は、きわめて過酷なものだった。長安の七人の息子は切腹を命じられ、家臣たちは諸大名にお預けの身となったのである。累は幕閣と武田宗家にもおよんだ。長安の三男を養子にしていた老中青山成重が閉門蟄居の処分となり、同じく長安の嫡子の舅である松本城主石川康長も所領を没収された。武田信玄公の三男信親（龍芳）の子で、武

悪魔的な宰相、徳川家中の派閥抗争に打ち勝つ

田宗家の嫡流である信道（道快）もまた、伊豆大島に配流の身となったのだった。

さらにこの年の年末には、長安の庇護者であった幕閣の有力者大久保忠隣が出張先の京都において、謀叛の疑義で所領没収の沙汰を受けたのである。

その大御所（家康）様が駿府の側近として権勢を誇った本多正信派も、嫡子本多正純の代には二代将軍側近にその地位を追われ、幕閣首座を占めるのは旧武田家臣の保科家を継いだ保科正之（三代将軍家光の弟）となる。

真田一族との関係では、政権の中枢にあった慶長一六年（一六一一）に真田昌幸が逝去したときのこと、信幸（信之）が昌幸の葬儀を執り行ないたいと正信に問い合わせたところ、大御所（家康）と将軍（秀忠）の許しを得たほうがよいと助言している（『真田文書』）。信幸が本多忠勝に相談したかどうかは、わからない。

歴史探究≫キーワード 一向一揆

戦国大名を苦しめた一向一揆——宗教勢力を私たちは理解できるか？

ここで戦国大名を苦しめた一向一揆について、簡単に触れておくことにしたい。天下布武をめざした信長も、いちばん苦しめられたのは一向一揆（長島一揆および石山本願寺）だった。

われわれが一揆という言葉で思い浮かべるのは、江戸時代にむしろ旗を立てて領主にあらがう農民たちの姿であろう。飢饉を生き延びるために、あるいは圧政に抗して命をかえりみず戦う農民たち。同じく生き延びるために戦う農民であっても、戦国時代の一揆勢は戦国大名の兵たちと同じように武装し、合戦で首を挙げては勝ち鬨をあげる。外観は戦国大名の軍勢と、まったく変わるところがなかった。

両者に違いがあるとすれば、戦国大名の兵たちが百石につき数名という軍役であったのに対して、一揆勢は村それ自体が戦う集団であった。それゆえに、軍事的に訓練された軍役衆よりも命がけで、死を怖れずに戦う点で、はるかに士気がまさっていた。これが信長をはじめとする戦国大名たちの苦戦の理由である。

もっとも、一向一揆を巧みに利用した戦国大名もいる。武田信玄がその典型である。信玄の正室・三条殿が本願寺顕如《けんにょ》の正室の姉であったことから、信玄は顕如をつうじて越中の一向宗を動かし、上杉謙信を牽制したのである。信玄と謙信の川中島対陣は五回におよぶが、謙信はつねに越中国境に防備兵を割かねばならず、兵の動員において武田勢を下回ることになった。その謙信も、天正三年（一五七五）からの北陸侵出がはじまると、越中・能登・加賀の分国化にさいして本願寺との和睦を行なっている。信長を打倒対象としたその戦略は、「敵の敵は味方」というわけである。

戦国大名を苦しめたのは、この一向宗徒にかぎらない。平安いらいの山門（天台宗）も織田信長に敵対したし、法華宗や浄土宗も鎌倉いらいの権門として武威をふるった。そして江戸時代に入っても、キリスト教徒たちは島原において数万単位の叛乱を起こした。これらの宗教は私たちの祖先の心の拠りどころであり、生活の一部、いや人々の生命の証しだったがゆえに、命懸けの叛乱が行なえたのであろう。

日本人はどうして宗教を捨てたのか？

ところでわたしたち日本人は、日々祈りを欠かさないイスラム教徒や敬虔なプロテスタント、戒律のきびしいカトリック、あるいは修行に身をささげる仏教徒の心根を、すこしでも自分に引き付けて理解しているだろうか。

理解しないまでも、実感をもって感じられるだろうか？　少なくとも、わたしたちは毎日礼拝はしないし、キリスト教徒がするように毎日曜日に寺院に参集することをしない。おそらくわたしたちは、あまり宗教を理解できていない。捨ててしまっていると言っても、過言ではないとわたしは思う。

ぎゃくに言えば、中世の日本人ならば理解できただろうと、歴史を学ぼうとするわたしは確信する。崇拝する神仏のために身を粉にして尽くすことを、わたしたちの祖先ならやったであろうと、わたしはわが身を省みながら思う。

じじつ、それだけの犠牲をはらって宗門の門徒たちは、戦国大名に抗して信心を護持したのである。そしてじつは、戦国大名のほとんどが神仏に帰依し、あるいは得度してみずから僧となり、社殿を寄進してはみずから神となった。つまり、中世の日本は宗教国家だったのである。

しかるに、その心根をほとんど理解できないわたしたちは、どこで中世の祖先と落差を生じさせたのであろうか？　神仏に帰依することを、日々の実感を持てないのは何故だろうか。このことを解明しないならば、戦国時代の祖先の心根を理解できないはずだ。

まず中世的な信仰心を剥奪した政策に、寺請け制度が挙げられるだろう。一向宗徒の戦闘力を身にしみて知っている徳川家康は、本願寺を東西に分割した。そのうえで、キリスト教を禁教にした制度的な保障として、宗門改めを諸寺に委任したのである。寺を役所の末端と位置づけ、人別帳に宗門の門徒であることを明記する。これは戸籍制度の原型でもある。あるいは過去帳において、人びとの祖先・家柄も記録される。

つまり寺院は信仰の場ではなく、官僚的な統治機構の末端、事務的な場所へと変わったのである。幕府には寺社奉行が置かれ、日本史上はじめて政治権力が宗教権力の上に立った。その発案者が神君・東照大権現となったのだから、けだし当然のことである。

それでもなお、わたしたちの祖先は神仏を信仰した宗教心のある民族だった。元旦や吉日のハレの日には神社に参拝し、盆と彼岸には寺院で看経《かんきん》を受ける。日々の暦注（吉凶）に気を使い、節会をたのしむ。これらの信仰心は、われわれの生活のなかにも少なからず残っている。七五三や厄年、成人式や婚儀などの慶事には神事を頼み、葬儀は大半が仏式である。

にもかかわらず、わたしたちの日々は、神前に身を清めることもなく、般若心経すら看経することがない。

これは明治維新およびその政府の大改革が原因だと、わたしは思う。そう、神道の国教化とともに行なわれた、廃仏毀釈《はいぶつきしゃく》がそれである。

C 廃仏毀釈と国家神道の廃止

かつて、多くの神社に神宮寺という寺院があったといえば、驚かれる向きも少なくないのではないだろうか。たとえば奈良の春日神社と興福寺は、ふたつとも藤原氏の氏神と氏寺であって、もともとセットなのである。八幡神の総本宮とされる宇佐神宮の境内の中心部には、弥勒寺《みろくじ》という奈良時代からの寺院があった（二〇〇〇年に発掘）。神社の実務はここに拠る僧侶・尼僧（同時に神職である）たちによって行なわれた。皇祖の神宮である伊勢神社にも、社外とはいえ神宮寺が複数存在していた。これらは神仏習合《しんぶつしゅうごう》の倣いである。

われわれの生活のなかに残っている、慶事（冠・婚・祭）は神社に行き、弔事には寺院に行く習慣は、神仏が一体であったがゆえに成り立っていたのである。いまでも古い家屋に行けば、仏壇の上に神棚があり、さらにその上に天皇皇后両陛下の御影があるのに出くわす。少なくとも戦前まで、われわれ日本人は今よりもずっと信心深い国民だった。

ところが、明治政府の廃仏毀釈は、わたしたちの祖先から仏教信仰を遠ざけた。昭和の神道国家によってそれは極限に達したが、敗戦後に神道の追放という再逆転が生起したのだ。政教一致の国家神道はアメリカ進駐軍によって破棄され、わたしたちの祖先は明治で失った仏教信仰に加えて、昭和中期にいたって神道信仰をも失ったのである。

言い方を変えれば、明治政府によって仏教信仰を断たれ、アメリカ政府によって神道信仰も奪われたのである。だからわたしたちは、中世の日本人たちが信仰に生きたことを、あまりよく理解できない。実感として頭のなかに思い描けないのである。

かなうならば、ときには般若心経《はんにゃしんぎょう》や祓詞《はらえことば》を読みくだし、遠い祖先の精神世界に思いをはせるのも、日本人として生まれた愉しみではないだろうか。

◘井伊直政——鬼の前立てのイケメン武将、太閤の前でケジメを尊ぶ

江戸時代の飾り呼称では、徳川四天王・徳川十六神将・徳川三傑のひとり。ちなみに三傑とは、本多忠勝・榊原康政・井伊直政、これに酒井忠政を加えて四天王である。

井伊の赤備えで知られるとおり、屈強な武田旧臣を多数配下に入れ、その部隊は武田流（山県昌景）の赤備えの鎧威で武装した。井伊軍団が戦国最強の評判をとったのは、天正一二年（一五八四）の小牧・長久手の戦いである。このとき直政は別働隊

一万をひきいて豊臣勢を翻弄している。

赤い鎧威に鬼の角のような前立てで「井伊の赤鬼」と呼ばれたが、じつは小柄で少年のようだったという。そして美男子だったようだ。「容顔美麗にして、心優にやさしければ、家康卿親しく寵愛し給い」(『太閤記』『徳川実記』など)。秀吉が大政所を人質に送ってきたとき、直政はすぐに大政所に気に入られ、その侍女たちも彼に惚れ込んだと言われている。武勇・忠義だけでなく、女性に好かれるタイプでもあった。

そのいっぽうで、潔癖な性格でもあったようだ。人質返しで大政所を大坂に送ったとき、秀吉が直政の手厚い警護に満足して、手ずからお茶を点《た》てて歓待した。ちょうどその場に、前年に徳川を出奔して秀吉のもとに走った石川数正がいた。直政は「先祖より仕えた主君に背いて殿下に従う臆病者と同席すること、固くお断り申す」と怒鳴ったという。ケジメをつけたのである。こういう頑《かたく》なさは、家中の者ともライバル心を競うことが多く、とくに本多忠勝とは仲が悪かったらしい。

石田三成と大谷吉継――刎頸《ふんけい》の友、大義に殉じる

関ヶ原の西軍主役であり、ともに豊臣秀吉から寵愛された同僚である。後世に衆道（男色）の関係であったと書かれるほど（同時代史料にそれを伺わせるものはない）、ふたりは分かちがたい親友だった。

しかしながら、不治の病に悩まされながらも凛《りん》とした生き方で、清廉な印象ばかりの大谷吉継に対して、石田三成はいかにも陰謀家の印象がある。大坂宰相・豊臣秀長（秀吉の弟）を密殺したとか（史料なし）、関白・豊臣秀次（秀吉の甥）を讒言《ざんげん》したとか（史料あり）、利休を排除したのも彼であるという。あるいは秀吉の側室・淀殿と男女の関係であったとか（史料なし）、その評判はさんざんである。

真実の石田三成の人となりは、どんなものだったのだろうか。三成には三献茶という、よく知られた伝承がある。秀吉が領内で鷹狩りをしていたところ、喉のかわきをおぼえてある寺に立ち寄った。茶を所望すると、その寺の小坊主は最初にぬるめの茶を大ぶりの碗で出し、つぎに小さな碗にやや熱い茶を出した。そして最後に、熱く点てた茶を出したという。この機転に感激した秀吉は、その小坊主を城に連れかえった。これが石田三成の少年時代だったとされる。正徳六年（一七一六）に刊行された『武将感状記』（熊沢淡海）の創作である。

じっさいの石田三成は、近江国坂田郡石田村の国人領主・石田正継の次男として生まれた。秀吉に仕えたのが十四歳のとき、父・兄ともに一族として被官となっている。爾後、秀吉の信任厚く、大谷吉継とともに全国検地を行なうなど行政に辣腕をふるった。まだそろ盤がない時代のこと、おそらく暗算にすぐれていた三成と吉継は「計数の才」に長けた者として重用されたのであろう。とくに三成のほうは、検地の方法論を各地の大名に伝授した記録を残している。

淀殿との蜜月説（秀頼の父親説）の誤りは、すでに「北政所と淀殿」の節でふれたとおり。いまひとつ決定的な証拠を挙げておくと、秀頼の生年月日（文禄二年〈一五九三〉八月三日）の前年六月から、三成は渡海し朝鮮の陣に滞在している。

秀長謀殺説、利休排除、秀次への姦計など、陰謀説にこと欠かない三成の、政治信条を知る有力な証拠がある。「大一大万大吉」の旗印である。訳せばこうなる。「万民が一人のために、一人が万民のために尽くせば太平の世がおとずれる」つまり、共生の思想・連帯の思想ということになる。平成の世に通用する思想ではないか。

いっぽうで、三成は軍事面でからっきしダメだと評されてきたが、賤ヶ岳の戦いにおいては、先懸衆として活躍したことが『一柳家記』に記されている。このとき、ともに奮戦したのが秀吉の近習だった大谷吉継（刑部）である。

三成とともに、大谷吉継は秀吉の馬廻り衆として近侍している。小姓になったのが天正（一五七三〜）の初めの頃とされるので、秀吉子飼いの者といえよう。九州征伐のときは三成が兵站奉行を務めると、その配下としてはたらき、三成が堺奉行になったときもそのもとで実務を担当した。このような関係で友情を深めたふたりに、秀吉主催の茶会でのエピソードが有名である。

大谷吉継は当時、業病と呼ばれる病（癩病とも梅毒ともいわれる）で顔から膿が滴り落ちるのを包帯で隠していたという。まわし飲む茶碗が大谷吉継にめぐってくると、茶席に参加した武将たちは彼が口にした茶碗に手をつけなかったが、三成だけは気にせずに茶碗を口にしたというのだ。この友情が関ヶ原の合戦に負けると知りながら、三成の覚悟に殉じたとされるものだ。義の三成に、情で応えた吉継であった。

病にまつわる噂として、『宇野主水日記』に大谷吉継に関わる記述（天正一四＝一五八六）が残っている。大坂の町で人夫たちが何人も殺される事件があったらしい。さまざまな風聞があり、大谷紀ノ介（吉継の通り名）という小姓が千人を殺してその血を吸えば、病（悪相）が平癒するということで殺しに手を染めているらしい、というものだ。けっきょく犯人は逮捕されず、町奉行が追篭（謹慎処分）とされた。この噂にもかかわらず秀吉は吉継を重用しているので、噂はためにするものだったのだろう。ぎゃくに、吉継や三成（彼もまた「横柄だ」「傲慢だ」と悪い噂を立てられている）の出世が妬まれていた証しであろう。エリートはいつの時代もうとまれたものだ。

関ヶ原の合戦の当日、吉継は小早川秀秋の異心を予測して、松尾山（小早川陣）に向けて六百の精鋭を備えていた。一万五千とも八千ともいわれる小早川勢に持ちこたえ、三成の友情に報いたのである。その娘・竹林院は真田信繁の正室であり、信繁が最も親しく接した豊臣系大名であるのは言うまでもない。

◘後藤又兵衛・毛利勝永――勇猛なる戦国の猛者、果敢にたたかう

真田信繁とともに、大坂五人衆（ほかに長曾我部盛親・明石全登）と呼ばれた二人の猛者である。

後藤又兵衛《ごとうまたべえ》基次《もとつぐ》は、元は黒田官兵衛の家臣である。官兵衛の嫡男・長政との確執で同家を出奔し、豊前の細川忠興を頼った。しかし、又兵衛の移籍で黒田家と細川家が一触即発の状態となり、徳川家康の仲裁で細川家を退去したという。又兵衛の勇知を惜しんで福島正則や前田利長らが抱えようとしたが、長政の「奉公構い」（他家に出仕させない）によって不調に終わった。

この長政との確執については、諸説あって一定しない。中津での旧勢力（一揆）との紛

争で長政が失敗したとき、又兵衛が「合戦は時の運」と開き直ったため、長政が父・官兵衛の前で面目を失ったという説が有力である。その又兵衛は夏の陣の道明寺で奮戦ののちに敗退し、乱戦のなかで討ち死にした。

毛利勝永は尾張の森氏である。よって、森豊前守という名で史料に残っている場合が多い。父・勝信が早くから秀吉に仕え、天正一五年（一五八七）に豊前に封じられたときに、秀吉の配慮で中国の大名・毛利氏と同じ姓に改めたという。関ヶ原の合戦では西軍に属し、伏見城攻略で戦功をあげている。安濃津城攻めのときは安国寺恵瓊《あんこくじえけい》の指揮下にあり、あまり活躍できないままに終わった。改易後は土佐の山内家に預かりの身となったが一千石の知行があったという。正室が死去したこともあって、土佐で出家して一斎と号した。

大坂の陣に秀頼から招かれ、豊臣譜代の家臣として城内で影響力をもった。冬の陣では西ノ丸・今橋を守備している。夏の陣では道明寺で敗退した後藤又兵衛の兵を収容し、大坂城で秀頼の介錯を行なったあとに自刃した。真田信繁とならぶ、大坂の陣の立役者である。

◘滝川一益――織田信長の関東管領、天正壬午の乱に没落する

射撃の名手で、織田四天王のひとり。織田四天王とはこのほか、柴田勝家・丹羽長秀・明智光秀である。これに羽柴秀吉を加えて織田五大将ともいう。いずれも江戸中期以降の講談物語の飾り呼称であって、十六世紀にこんな呼び方をされていたわけではない。

水軍の将でもあり、毛利水軍との第二次木津川海戦には白い安宅船で参加している。そのいっぽうで、第二次天正伊賀の乱において織田信雄から壺を下賜されているので、伊賀調略に功があったとされる。そこから忍者説もある滝川一益である。

いずれにしても信長から最も信頼された重臣のひとりで、武田氏滅亡後は真っ先に東国(上州厩橋《まやばし》＝前橋)に配置された。一説に関東管領待遇であったとされる。真田一族が最もおおく接した、織田家臣ということになるだろう。

本能寺の変で関東を引き上げるさいには、あえて洛中の事態を隠さなかったという。帰洛の途中に北条氏の大軍に遭遇し、神流《かんな》川で大敗を喫した。ゆえに清洲会議には出席でき

ず、織田家臣団の後継争いから脱落した。老後は目を悪くして、一向一揆の恨みが残る越前で殺されたと伝わる。

●片桐且元――豊臣に尽くすも、政局に翻弄される

この武将の大坂の陣における役回り、そして淀殿との確執は『桐一葉《きりひとは》』（坪内逍遥）として歌舞伎の演目になった。歌舞伎好きなら、一度は鑑賞している名作ではないだろうか。

もともと片桐且元は、七本槍（賎ヶ岳の合戦）で華々しくデビューした秀吉の親衛隊だった。関ヶ原の合戦では東軍に属し、その後は家康から大坂城の諸門警護役に任じられていた。すでに七本槍の同僚である加藤清正は身まかり、福島正則は病と称して引きこもってしまった慶長末年（一六一四）、且元は秀吉恩顧の大名として豊臣氏の代弁者となっていく。

方広寺の鐘の銘文で家康が難くせ（「国家安康」は家康の名を引き裂いたものだと）をつけてきたとき、彼はきびしい交渉の矢面に立たなければならなかった。それはもともと、家康が大坂城に配したときからの意図ではなかっただろうか。大坂（豊臣氏）と駿府（徳

川家康）の交渉過程を考察してみよう。

家康はまず、鐘の銘文と大仏殿の棟上の日取りが悪いことで、怒りを表明した。京都から五山の僧侶を呼び寄せ、林羅山に問答させて引き出したのが、「国家安康」（前述）「君臣豊楽」（君臣が豊かに楽になるを、豊臣を君とする）「右僕射源朝臣家康公」（「右僕射」は右大臣の唐名だが、家康公を射るに読み替える）だった。まさに難くせだが、言葉のひとつ、神仏への祈念が大きな意味をもつ時代のことである。

八月十九日、且元は駿府におもむいて申し開きをするも、家康は面会しなかった。代理で応対した本多正純（本多正信の息子）から口をきわめて批判され、このさい鐘を磨り潰してしまえと命じられる。これで主導権は完全に徳川方に握られてしまった。

八月二十九日、淀殿の名代として大蔵卿局が駿府に着く。家康はすぐに面会し「且元から話はよく聴いている。自分は何も気にしていない」と安心させるのだった。そのうえで、待ちぼうけをさせていた且元と大蔵卿局を対面させ、本多正純をしてこう言わせたのである。

「秀頼が家康を呪うような噂があるらしいが、今後幕府と豊臣がどうしたら不和にならずやっていけるか、よくよく相談するように」と。さらに且元に向かって「先年、且元が秀頼から加増を受けたのは、大御所（家康）のとりなしによるものであるから、大御所のご恩をわすれないように」などと言い添えさせたのである。

これを聴いた大蔵卿局は、且元に不信感を抱いてしまう。且元は徳川のまわしものではないかと。いっぽうの且元は、強硬派（大野兄弟・大蔵卿局ら）を抑え、徳川と安定した関係を築くには、根本的な策が必要だと考えた。そこで帰路、近江の土山まで来たところで、大蔵卿局に家康からの内意であるとして、つぎのことを伝える。

一、秀頼が大坂城を出て他国に領地を替える。二、秀頼が江戸に詰める。三、淀殿が江戸に人質となる。

この三か条の条件のうち、ひとつを選べと言われたと。駿府で家康に歓待され、鐘の銘文のことも気にしていないと言われていた大蔵卿局は、この条件をいぶかしく感じた。駿府で感じた且元への不信感が、さらにいっそう深まったのである。

ひと足先に大坂城にもどった大蔵卿局は、ただちに且元への不信感と家康からの条件を淀殿に告げる。「且元は駿府のまわしものだと思う」と意見した。そこへ且元が出仕し、三か条の条件を選ぶよう迫ったので、大蔵卿局の讒言が証明される形になってしまった。

じつは、この三条件は且元が考えた苦肉の策だったのである。申し開きをしようにも、城内の強硬派が且元を狙っているとの噂が立ってしまい、彼は病と称して出仕をあきらめるしかなかった。

間もなくして、淀殿と秀頼の起請文をそえた使者が来ると、やむなく且元は告白した。三条件は自分が考えたもので、そうでもしなければ事態を収拾できないと考えたからだ、と。

この一件について、淀殿は事態の認識をあらためるどころか、却って且元を大坂と駿府の間を悪化させる陰謀の主と決めつけた。九月二十八日、片桐且元は秀頼に所領を没収さ

歌舞伎の名作にもなった、老臣の苦渋

れたうえ、不届き者として追放することを江戸と駿府に通告されたのであった。十月一日、且元は大坂城内の屋敷から退去した。

数日後、家康は大坂攻めの命を全国に発し、幕府の大軍勢が東進を開始した。すべては裏目に出たのである。且元は家康が二条城に到着した二十三日に、軍議に参加して先鋒を命じられる。翌年一月に隠居を申し出るも許されず、豊臣氏滅亡の夏の陣にも参陣せざるをえなかった。秀頼母子の助命を嘆願するも容れられず、夏の陣の終結から二十日後の五月二十八日、京屋敷で没した。享年六十歳。

◘大野治長・治房兄弟――好対照の兄弟、大坂城内で主導権を争う

兄の大野治長は二度の大坂の陣で、豊臣方の総大将の役割をになった人物である。豊臣家における立場は、母親が淀殿の乳母・大蔵卿局であることから、秀吉に取り立てられたという。その淀殿と治長には秘められた関係がある（次節・秀頼の項で詳述）。

秀吉の一族にみるべき人物がなく、加藤清正や浅野幸長が死去したあと、豊臣家には前

述した片桐且元ぐらいしか頼りになる大名はいなかった。その且元も家康の政治技術にわけもなくひねられてしまい、大野治長はむしろ積極的に政治舞台に登場したのだった。

というのも慶長四年（一五九九）に、徳川家康暗殺疑惑事件の首謀者として、治長は下総に流罪となっていたのである。関ヶ原の合戦では家康の東軍に参加して武功をあげ、罪を許されたあと、豊臣家への使者として大坂にもどった。使いの主旨は、家康の「豊臣家に対して敵意はない」というものだ。この家康の上から目線で、すでに豊臣家の先行きは決まっていた。

治長は家康の口添えで、秀頼から五千石を加増される。前からの所領とあわせて、一万五千石である。石田三成が十九万石でも大身《たいしん》の大名たちからは見劣りしたのを考えると、治長はやはり小物すぎる。

弟の治房は兄・治長が吏僚であるのに対して、すこぶる武辺の者といえよう。しかしこの弟、やることなすことが厄介なのである。

大坂冬の陣のこと、治房は船場の砦を守備していた。豊臣軍は木津川口、鴫野《しぎの》、今福、博労淵《ばくろうぶち》で砦をうばわれ、船場の砦が孤立してしまう流れになった。そこで治長らは船場に立てこもっている治房にも撤退を命じた。

ところが治房は「まだ一戦もしていないのに兵は引けない。戦うまでは引かない。このまま捨て殺しにしてくれ」という。困った治長は軍議を行うからと使者をおくり、弟を城に連れもどすと砦に火を放った。その後、徳川方の蜂須賀勢が砦跡に陣取り、治房の旗をひろって嘲笑したため、治房は治長を恨んだという。

敵に旗をうばわれた治房は汚名返上のために、徳川勢への反撃を計画する。秀頼の許可のもと、十二月十七日夜、塙直之《はなわなおゆき》、長岡興季《ながおかあきすえ》らとともに、蜂須賀勢に対して夜襲をかけてこれを成功させた（本町橋の夜戦）。

翌年、和議が成立すると治房は浪人たちを募集して、和平路線の治長と対立を深めた。城内の浪人たちも、和議が自分たちに何ももたらさなかったことに不満を抱き、治房が兄に代わり主導権を取ろうとする。そんな内部対立を家康は見越していたかのように、駿府をおとずれた治長の使者にこう通告した「徳川家に敵意がないというのなら、秀頼が大坂城を出て大和か伊勢に移るか、それとも浪人を大坂城から追放して、もとの家臣だけにせよ」と。そのどちらも、豊臣家に選べる選択肢ではなかった。

そんな四月のはじめ、治長が桜門のそとで何者かに襲われた。刺客はその場で斬って捨てられたが、治房の家臣・成田勘兵衛の手の者だと判明した。成田勘兵衛は尋問される前に屋敷に火を放って自害してしまった。疑いの目は治房に向けられることになる。が、真偽が質されないまま夏の陣となり、治房は野戦の指揮をとった。大和郡山の戦いでは戦果なく撤退し、泉南方面に敵をもとめて進軍するも、先手の暴走がたたり浅野勢に敗北してしまう。

五月六日、天王寺・岡山での最終決戦で徳川秀忠軍と戦い、これを追いつめるも、兵力不足はいかんともしがたく、手勢をまとめて大坂城に撤退した。これらの戦いぶりをみる

能吏の兄・武勇の弟――連携ではなく対立の道に

と、治房はなかなかの勇者である。焔に包まれた大坂城にもどると、敗北は必至と玉造口から脱出して逃亡した。その後の行方はわからない。

三十四年後の慶安二年（一六四九）二月に、治房が生きているという噂が立ち、幕府も大規模な探索を行なっていることから、その死は確認されなかったのだろう。慶安年間といえばのちの慶安事件（由井正雪の乱）に代表される、改易浪人たちの不満が社会不安を起こしていた時期だから、治房のように落ち延びた豊臣家臣は何かと噂になったのであろう。

大野兄弟には、あと二人弟がいる。治胤と治純である。治胤は二人の兄とともに大坂方で戦い、脱出しようとするところを捕縛されて処刑された。治純は第二部でふれたとおり、徳川家に人質として預けられたまま、徳川家臣に仕官して陪臣となる。四人の兄弟にどのようなやり取りがあり、どのような関係であったのか、史料はそれぞれの感情までは語っていない。

●やっぱり秀頼は秀吉の子ではなかった！

秀頼と秀忠――天下びとの後継者たち

文禄二年（一五九三）生まれの豊臣家の御曹司は、関ヶ原の合戦のとき七歳だった。関ヶ原における西軍の敗北によって、豊臣家の所領は六十五万石（摂津・河内・和泉）に激減してしまう。これは配下の大名たちが所領を没収されることで、知行を委託していた豊臣領地が消失した事情による。

さらに慶長八年（一六〇三）に徳川家康が征夷大将軍になると、豊臣家の政治的実権はないも同然になった。この段階で豊臣家大老として政務を握っていた家康は、豊臣家の外に武家の政府を作ってしまったのだ。豊臣秀頼は家格に応じて、公家とおなじ高家の処遇であった。

その後の秀頼の命運は、くわしく記す必要はないかもしれない。読者諸賢が知りたいのは、おそらく秀頼本人の素顔ではないだろうか。徳川家との交渉の大半が大蔵卿局や片桐且元、あるいは大野治長に代行され、いっぽうで奥向きのことは淀殿が取り仕切っていたから、彼の素顔が見えてこないのである。

『明良洪範』によると、秀頼の身長は六尺五寸（一九七センチ）・体重四十三貫（一六一キログラム）だったという。当時の戦国大名で甲冑から判明している身長は、上杉謙信が一五六センチ、伊達政宗が一五九・四センチと小柄な時代、秀頼は並はずれた巨漢である。『長澤聞書』には「世に無き御太り」つまり、世間では珍しい肥満体だったという。外出した記録といえば、子供のころに侍女とともに住吉に潮干狩りに行ったこと、京都で家康と会見したことなど数すくない。大坂城にある「豊臣秀頼肖像画」（京都養源院のものにあらず）は、なるほど立派な体躯で錦絵の相撲取りのような雰囲気である。

ここで思い当たるのが、父・秀吉との相似性であろう。織田信長から「禿げ鼠」（お禰宛の書状）と呼ばれ、猿面冠者などと称された秀吉（狩野派の手になる肖像画もある）に、秀頼は似ても似つかないとわたしは思う。そこで連想するのは、秀頼は秀吉の子ではないのではないか、という誰もがそう思いながら、なかなか確証を得られていない疑問とされてきた。だが、労苦をいとわずに史料をひもとけば、その歴史的疑問は氷解する。
じつは、同時代の一級史料に、その疑問への回答が明記されているのだ。これまでにも、秀吉は二度しか子をつくったことがなく（鶴丸と秀頼＝いずれも淀殿の子。長浜時代の石松丸＝秀勝については、実在性と実子説を裏付ける確定的な史料に欠ける）、数十人とも数百人ともいわれる側室の誰ひとり子を得なかったことから、秀吉には子種がないと考えられてきた。だがそれも推論にすぎない。ここに確固たる史料を掲げよう。毛利家臣の内藤隆春《ないとうたかはる》が、国もとの息子に書き送った書状である。

「おひろい様之御局をハ大蔵卿と之申し、其の子ニ大野修理と申し御前の能き人に候、おひろい様之御袋様と共に密通之事に候か、共ニ相果てるべし之催にて候処に、彼の修理を宇喜多が拘し置き候、共に相果てるに申し候、高野江逃れ候共に申し候よしに候」（慶長四年十月一日付、内藤隆春書状）。

世紀の大不倫、大坂城を危機に至らしめる

【超訳】 秀頼さまの侍女に大蔵卿局という女性がいるが、その息子は大野治長なる者で秀吉様のお気に入りだった。この者が淀殿と密通におよんだらしく、本来なら両人とも自害して果てるべきところ、宇喜多秀家がとめ置いていたが、二人はともに果てると言って、高野山に逃れたということだ。

な、なんと。大野治長と淀殿が、不義密通をしたというのだ。しかも、難をおそれて高野山に駆け落ちしたというのである。そのうえ心中未遂だ。書状にある慶長四年十月は、秀吉が亡くなって一年余りのことである。これを裏づける史料もあった。が、それがまた驚くべき内容なのである。家康と淀殿が秀吉の遺言で、結婚をする予定だったというのだ。

「十七日、如前、一日大雨下候
大坂ニテ去十日秀頼之母家康ト祝言在之候、太閤之書置在由候、大野修理秀頼之母ヲ連候、高野へ参候由珍重」（『多聞院日記』）

もう訳すまでもないだろう。秀吉はみずからの死にさいして、家康が淀殿と結婚して徳川家と豊臣家が一体になること、したがって家康が秀頼をわが子にすることを遺言していたのである。

しかるに、淀殿は大野治長と高野山に駆け落ちをしてしまった。多聞院日記は興福寺の塔頭《たっちゅう》の院主が書いた日記で、大坂での出来事は伝聞であろう。しかし、まぎれもない同時代の一級史料である。そうすると、のちの大坂の陣は三人の男女を主役とした愛の遺恨と

スクープ！　家康と淀殿は結婚するはずだった！

いうことにもなる。

こうしたスキャンダルは「奇を衒《てら》う」として、一般に歴史研究者の好まないものだ。したがってあまり研究対象にされてこなかったが、同じ内容の記述が、姜沆《かんはん》（朝鮮の儒者で、在日中に多くの記録をのこす）の『看羊録』にもある。さらに『明良洪範』（江戸中期成立）には「（秀頼は）秀吉公ノ実子ニアラズ　大野修理ト密通シ捨君ト秀頼君ヲ生セ給フ」とある。少なくとも、慶長年間から江戸中期にかけて、淀殿と大野治長の不倫関係と、秀頼が不義の子だったのは公然の秘密だったようだ。

すでに「石田三成と大谷吉継」の節でわたしは、三成が秀頼生誕の十四ヶ月前に朝鮮に渡海していた事実から、三成父親説は成り立たないと明らかにした。では秀吉はどうだったのだろうか。文禄元年（一五九二）六月に名護屋（博多）に赴いた秀吉は、七月に大政所の死によっていったん帰京したが、十月一日には名護屋にもどっている。かなり微妙な期日計算になるが、秀吉が九月の早い段階で大坂を離れたとしたら、翌年の八月三日に生まれた秀頼は十月十日《とつきとうか》の枠内に収まらない受胎ということになるのだ。

これらの事実は秀頼に何の責任もないが、家康が淀殿を娶るはずだったものを駆け落ちしてその怒りを買い、なおかつ秀頼が不義の子であったという噂。それが家康をして果断な大阪政策に動かしめたのは、まことに秀頼にとって不運だった。かように、みずからの意志で動けなかった悲劇の貴公子が秀頼なのである。

秀頼の後世の評価を、江戸時代の史書『豊内記』から引用しよう。

「秀頼公は太閤の遺言に従い、天下の実権を征夷大将軍家康公に執らせて、大坂城に蟄居していた。礼を重んじて義を行ない、聖賢の風を慕い凶邪の念を去り、私欲を哀れんで民を哀れみ、国家が豊かになることのみ朝夕念じておられた。人びとは大干ばつに雨をもたらす雲を望むが如く、秀頼公の政を待ち望んでいただろう」

京都二条城での会見のあと、家康が本多正信にもらした「秀頼は中々賢い、立派に天下

悲運の貴公子、滅ぼされる直前に御祝物を家康の子に

の政務を執りうる人物だ。とても他人の支配を受けるような地位に下るべきではない」という中に、秀頼の人物像がよく顕《あら》われていると思う。慶長二十年（一六一五）五月十二日、大坂攻めを目前にした家康は、九男義直の婚儀のために名古屋に滞在していた。明日にも大坂に発とうとしていたその日、尾張宰相（参議の意）こと義直あてに秀頼からの祝辞がとどいた。

今度、就御祝言、以赤座内膳正申候、仍、刀一腰則重　脇指左文字　并呉服五重　進之候、聊表佳慶迄候、恐々謹言、

卯月十二日　　　　秀頼

尾張宰相殿

【超訳】婚儀の御祝いを、赤座内膳を通じて申しあげます。祝いの品として刀（則重銘）と脇差（左文字銘）ならびに呉服五重を贈ります。ささやかながらお慶びを表します。

秀頼と義直は、慶長一六年（一六一一）の二条城での家康との対面のときに会っている。秀頼十八歳、義直が十歳のときである。会っただけではない。義直は弟の頼宣とともに秀頼を出迎え、家康との対面後は答礼として大坂城に出向いている。このときも秀頼から刀剣や鼓、呉服が贈られている。

もはや絶体絶命ともいうべき大坂夏の陣の直前に、規矩正《きくただ》しく祝いの書状を届ける。この秀頼の礼節に、われわれは驚嘆しないわけにはいかない。それはおそらく、天下人の子として生まれたプライドであろう。

公家風の教育をうけた秀頼は教養にすぐれ、現存する筆跡は高い評価を得ている。遺徳をしのんで、真田信繁とともに薩摩にくだった生存説が、生き生きとした文脈で残っている。享年二十二歳、早すぎた将来の大物政治家の死だった。

◘秀忠こそが近世の官僚制度をつくった

同じく、秀忠も遅咲きの政治家だった。家康には十一人の男子があったが、長男の信康はみずから自害に追いやり（謀叛の疑義だが、政治的背景は諸説ある）、次男の秀康は幼いころに豊臣家に養子に出している。その後、秀康は関東の名門結城家を継ぐことになる。そんな成りゆきで三男の秀忠が跡目を継ぐことになるわけだが、それには彼の性格が大きな要素だった。

たとえば次男の秀康の場合、十六歳ごろの逸話が伝わっている。秀康が伏見城内で馬を乗り回していたところ、身分の低い少年が馬を並べてきた。秀康は「無礼者」と一喝するや、その少年を斬り捨ててしまったという。ところがその少年は、秀吉のお気に入りの馬丁だった。まわりの者はどうなることかと思っていたが、秀康は「殿下のお気に入りの者でも、殿下の養子であるわたしの許可もなく馬を並べるとは無礼千万。無礼者は斬り捨てるのみ」と言い放った。この豪胆さを、秀吉はかえって褒めたという。

つまり秀康は、みずから判断をくだせる聡明さと胆力を併せもっていたのである。しかしこれでは、安定した政権構想を持っていた家康にとっては困る。これが秀忠ならば、秀吉に少年の無礼を報告したうえで、その指図に従ったであろう。秀忠はひたすら律儀で、しかし機転が利かない。関ヶ原の合戦のとき、真田の上田城にこだわって足止めを喰らい、関ヶ原に駆けつけたときは合戦が終わってしまっていたのは、このような律儀さ、融通の利かない性格によるものだ。

だがその融通の利かない性格こそが、巨大な官僚組織の運営には欠かせないのである。そして例外やスタンドプレイを許さない巨大組織を動かす原則でもある。すでに合戦による政治ではなく、法と身分、形式と慣例が支配する太平の世が訪れようとしていた。秀忠がその基礎をつくり、二百数十年にわたって安定した社会をつくった徳川幕府とはどんなものだったのか。それは日本史上はじめて、完全に武士が政権をになった時代である。

◘江戸幕府とはどんな政権だったのか

たとえば鎌倉時代の守護は警察権のみの存在であり、地頭は本所（公家や寺社）から徴税権を分担していた。古代いらいの郡司がそのまま、室町時代においても国家機能の末端でありながら、守護代がそれを任命することで守護大名の徴税機関となっていたのだ。それらは名目だけのものだったが、彼らを統轄する守護大名に室町将軍の支配はとどかない。

鎌倉幕府は関東政権、室町・桃山は公武政権 江戸幕府こそ本格的な武家政権である

戦国末期には一国を支配する戦国大名の手で、家法や分国法がさかんにつくられたのは、中央集権的な国家構造が崩壊していた証左である。

徳川幕府は朝廷・公家社会を形式的なものとして相対化し、つぎに大名を直接的に支配する官僚機構の完成をもって、本格的な武家社会をもたらした。徳川幕府の武家官僚支配にくらべれば、鎌倉幕府は関東の地方政府と警察機構を代表するものにすぎず、室町幕府は公家社会をその内部に取り込みつつも、有力武士の連合政権にすぎなかった。

徳川幕府の専制的な官僚組織としての性格は、秀忠時代の諸大名改易にあらわれている。家康が駿府に隠居した慶長一二年（一六〇七）から慶安初年（一六四八）までの四十一年

間に、お家騒動や武家諸法度にふれて処罰された大名は六十四家におよぶ。福島正則や加藤忠広（清正の子）などの外様大名が大半だが、譜代でも本多正純、大久保忠隣など老中クラスが改易され、親藩の改易も松平忠直（将軍家弟）、徳川忠長（将軍家子息）と例外ではない。

さらに無嗣廃絶、つまり後継者がいない理由で取り潰される大名も、関ヶ原後の慶長七年（一六〇二）から慶安三年（一六五〇）の四十八年間で、じつに五十六家におよんでいる。処罰改易と無嗣廃絶の石高を合わせると、その石高は一千万石である。これは当時の総石高三千万石の三分の一である。

◘外様大名まで松平一族に組み込む

これだけでも苛酷な専制支配だが、そのいっぽうで徳川家は、婚姻や養子縁組による諸大名の縁戚化をはかった。しかもその縁戚化は、賜姓という形式をともなう同族化だった。したがって、今日読める諸大名の書簡は、その大半が「松平」姓なのである。

もともと松平姓は徳川家の本姓であり、御三家・御三卿（十家）以外の徳川庶流十九家が名乗っていた。ほかにも三河いらいの松平二十八家、譜代で松平姓を下賜された大名家（七家）が名乗りをゆるされていた。ところが幕府は外様大名にも松平を名乗らせた。土佐山内家の二代・忠義は、松平忠義。佐賀藩の二代・鍋島光茂も、松平光茂。薩摩の島津も、奥州の伊達、越前の前田、筑前の黒田も、松平姓なのだ。

こうした賜姓による統制は、秀吉が諸大名を臣下におさめるために使った手法である。秀吉の場合は弟・秀長の逝去や甥・秀次派の粛清による一門の疲弊に心細さを感じ、なんとか有力大名を豊臣体制に取り込もうとする必死の策を感じるが、徳川の松平賜姓には上から目線の傲慢さが見てとれる。かくして、秀忠時代から家光時代にかけて、諸大名は改易の恐怖におののきながら、徳川の縁戚になることを進んで受け容れ、松平姓を賜り公文書で松平を名乗ることをがえんじた。

おそらく家康はここまで徹底した松平――徳川体制を想像もしていなかったのではないだろうか。家康が亡くなってから行なわれた、秀忠による駿府勢力の一掃、すなわち御三家もふくめた政権中枢からの排除は、じつに松平姓による縁戚化と表裏一体である。御三家においてすら、外様大名とともに徳川――松平体制の駒にすぎないのだと。

息も出来ない身分制と官僚制の時代がやってきた

第四部　忍者と真田一族

◘実在したのか？　真田十勇士

真田十勇士は江戸時代の講談『真田三代記』（元禄以降に成立）をもとに、明治後期に立川文庫として編集されたものである。編者は講談師・玉田玉秀斎《ぎょくしゅうさい》ほかである。以下、シリーズのタイトルを挙げてみよう。

『智謀　真田幸村』『真田三勇士忍術名人猿飛佐助』『真田三勇士由利鎌之助』『真田三勇士忍術名人霧隠才蔵』『真田家豪傑三好清海入道』などが刊行され、最終的に『真田十勇士』にまとめられる。

ひととおり、十勇士を紹介しておこう。猿飛佐助と霧隠才蔵《きりがくれさいぞう》は忍者である。三好清海入道と三好伊三入道は出羽出身の兄弟で、ふたりとも信繁（幸村）の九度山幽閉にしたがっている。ともに大坂落城のときに壮絶な死をとげる。

穴山小助は元武田家臣で、信繁によく似ていたとされる。影武者として家康の本陣に斬り込み、やはり壮絶な最期をとげる。由利鎌之助は鎖鎌と槍の達人。海野六郎は真田一族とおなじ、海野一族の出身者。信繁の参謀役として活躍し、薩摩に落ち延びるときも同行した。

根津甚八は禰津が本姓の信濃出身（慈野一族）だが、海賊で身を立てた屈強の者。大坂の陣で信繁の影武者となり、徳川勢に討ち取られる。望月六郎も慈野一族の出身。爆発物の扱いにすぐれた。筧《かけい》十蔵は蜂須賀家の家臣。薩摩落ちに同行した。

名前ですぐにわかるが、それぞれ信濃出身で真田の同族が多い。講談師たちの工夫が感じられて楽しい。空想の中の十勇士はともかく、真田一族は忍者と切りはなして語れない。佐助と才蔵にしぼって、その実相に触れてみよう。

●猿飛佐助と霧隠才蔵——甲賀と伊賀のライバル忍者

大河ドラマに登場する佐助は『真田三代記』にこそ登場していないが、明治時代に現われた新参者というわけではない。別系統の『厭蝕太平楽記《えんしょくたいへいらくき》』に真田家の家臣で、昌幸と信繁が上田城を出たあと、城内に残る役回りで登場する。忍者ではないのである。

そしてもう一人、猿飛仁助という人物がこれまた別系統の『審訓清正実記《しんくんきよまさじっき》』に登場する。この仁助は織田信長が朝倉攻めのさなかに浅井長政に裏切られたとき、しんがりをつとめた秀吉（木下藤吉郎）を襲う山賊として立ち現われる。ところがこの仁助は、秀吉配下の蜂須賀彦右衛門とその郎党・日比六太夫らのお仲間だったことが判明する。そしてこれを機に、三千の配下をしたがえて秀吉の家臣になる。ここでも猿飛は忍者ではないのである。

いっぽう、霧隠才蔵は『真田三代記』では忍者・霧隠鹿右衛門で登場し、『厭蝕太平楽記』でも忍者として描かれている。そもそも才蔵は、伊賀忍者の祖とされる百地三太夫の弟子であり、その名前からしていかにも忍者らしい忍者である。

それでは立川文庫にいたって鮮明になる、このふたりの忍者としての来歴を確認しておこう。まず猿飛佐助は、信濃の鳥居坂にすむ鷲尾佐太夫という野武士の子である。山野で猿と遊びながら身体を鍛えていたところ、戸沢白雲斎なる甲賀流忍術の名人の目にとまる。忍術の鍛錬を怠らず、ついに白雲斎から極意を伝授されるにいたる。

たまたま、鳥居坂にやってきた真田信繁（幸村）と出会い、佐助はその家来になるのだった。おりしも東西風雲急をつげるころ、佐助は信繁の命で三好清海入道とともに諸国をめぐり、諸大名の動向をさぐっては情報収集にこれつとめる。全国視察、隠密行脚の旅である。立川文庫の『真田三勇士忍術名人霧隠才蔵』では、霧隠才蔵が佐助の相棒の忍者として登場する。

霧隠才蔵は浅井氏の侍大将・霧隠弾正左衛門の遺児という設定である。浅井氏が滅亡すると、伊賀の名張に隠れ住み、やがて伊賀忍術の元祖・百地三太夫の弟子となって忍術の極意を授けられる。どうやら佐助は甲賀流、才蔵のほうは伊賀流、ある意味で相棒はライバルでもある。じじつ二人は真田信繁のまえで忍術くらべを競い、いっしょに信繁の配下に加わるという、講談ものらしい展開で大坂の陣まで突きすすむ。そして秀頼とともに薩摩に落ちのびる幸村伝説を、二人して警護するのであった。

歴史探究 ≫ キーワード 忍びの者

一次史料に現れない者たち

じつは戦国時代の史料に、忍者という言葉はない。文献史学において、記述されなかったことは存在しないのと同じである。

それにもかかわらず、忍者の登場しない歴史小説は日本史の教科書のように無味乾燥であり、忍者の活躍する物語は生き生きとわれわれの心にせまってくる。けっして輝かしくないその存在は、あたかも影が光をつくるかのごとく不可欠に感ぜられる。

じつは忍者という言葉は、江戸時代につくられた言葉なのである。江戸後期に流行した講談もの『絵本太閤記』に石川五右衛門、『列戦功記』には正体不明の怪人・飛加藤《とびかとう》が登場している。これはある事件がモチーフになったものだ。

寛文七年（一六六七）に、江州甲賀古士共総代を名乗る芥川甚五兵衛利重が幕府に仕官をもとめて嘆願した。彼はこう訴えた。われわれの祖先は徳川の三河時代に軍功をたて、関ヶ原などでも貢献したが、所領をうしなったまま困窮している。ついては仕官を望む。武士として取り立ててくれ、というものだった。

仕官は断わられたものの、幕府もその来歴に注目した。当時は松平信綱や酒井忠勝など幕政初期の幕閣が身まかり、保科正之《ほしなまさゆき》の比較的穏健な治世である。由井正雪の乱などの不平浪人事件の経験から、浪人救済の考え方がひろまっていた。

それから百年以上のちの天明八年（一七八八）、甲賀古士はふたたび江戸で士官の訴願を行なう。このときも仕官こそならなかったが、銀三十九枚を堪忍分として贈られている。そのとき、寺社奉行の松平輝和に提出された忍書十冊、古忍書二冊のうちの一冊が、今日につたわる『萬川集海《ばんせんしゅうかい》』である。

『絵本太閤記』の初版が寛政九年（一七九七）、『列戦功記』は一八五〇年代だから、江戸後期の忍者ブームの源流は、やはりこの甲賀古士の忍書なのであろう。超人的な活躍をしたと伝わる戦国武将たちの、さらにその上をゆく忍びの者——それは江戸の庶民たちを魅了した。

ところが、この忍書には江戸時代に流行した朱子学、儒教思想、そして戦国時代には少数派でありながら、江戸時代に主流となった武田流軍学（山鹿流に発展）の『孫子』の影響が色濃かった。ようするに古書としては偽書に近いものだった。しかしそれはそれで、さまざまに奇怪な伝承として物語を生み、あるいは明らかな創作であっても人の能力を超越した修行の極みを知らしめる。そうでなければ、一転して天性の妖術を披瀝する。講談師たちの想像力は人々の常識をくつがえし、さらなる伝承を生み出すのだった。

忍者はそもそも一子相伝、秘伝であって書物を残すことはなかったはずである。だからこそわれわれは、血湧き肉おどる戦国時代から、公儀と諸大名が情報収集に神経を磨り減らす闇の世界、忍びの世界に熱中できるのだ。ここから先は、あまり史料にとらわれずに忍者社会を俯瞰していこう。

C このあまりにも人間離れした者たち

忍術を駆使して離れ技をやってのける、人間離れした身体能力を発揮して任務をまっとうする。あまりにもすご過ぎるというのが、私たちの忍者に対するイメージである。

真田昌幸に仕えた唐沢玄蕃《からさわげんば》は跳躍術にすぐれ、「飛び六法」という技で助走せずに六尺（一・八メートル）を飛び、利き足から踏み出す幅跳びは十二尺（三・六メートル）だったという。ちなみに、オリンピックにかつてあった立ち幅跳び種目の世界記録は三・四七メートルである。

ちなみに唐沢玄蕃は、信濃伊那郡沢渡村の出身で、幼名を於猿《おさる》という。永禄八年（一五六五）の上州嶽山城攻めで父・李之助が討ち死にし、武田信玄が於猿に感状を出している。長篠の合戦にも参加し、武田氏滅亡後に真田昌幸に仕えた。さらに関ヶ原の戦い以降は、信幸に仕えている。感状や伝承記録が真実なら、玄蕃は実在の忍者ということになる。

忍者は玄蕃や飛加藤らの跳躍力だけではない。武田氏の家臣・飯富兵部虎昌に使えていた熊若という忍者は、信州割ヶ岳城攻めのとき軍旗を忘れてきた虎昌のために甲府まで取って返し、三十二里（百二十八キロメートル）を四時間で往復したという。じつに平均時速六十四キロで走破したことになる。高速道路を走る自動車並みの速度である。このあたりから、忍者のあまりの能力のすさまじさに、存在そのものが信じられなくなるのだが、かまわず先に進もう。

跳躍力や走力などの身体能力もさることながら、もともと忍術は人の目をまどわす幻術である。丹波出身の果心居士《かしんこじ》は幼少のころ「形を徳利の中に入れ、また大塔へ縄を打ちかけて上る」（『遠碧軒記《えんぺきけんき》』）と伝わっている。自分の身体を徳利の中に入れたというのだ。彼はのちに豊臣秀吉の前で幻術を披露し、秀吉がもてあそんで殺した女を眼前によみがえらせたために、磔刑に処せられることになるのだが、こんどは鼠に変身して処刑を逃れたという。この果心居士の能力は、西洋マジックの技量を思わせる。

飛加藤（段蔵）も跳躍力だけでなく、牛を呑む幻術で人々を驚かせたとされている（『伽婢子《おとぎぼうこ》』）。「鬼火の術」を得意とした芥川義矩《あくたがわよしのり》は主人に忍術を所望され、その場にいた腰元たちを誰にも気づかれず、下半身裸にしてしまったという。まことに恐るべき幻術である。

これら忍者のすさまじいばかりの身体能力・幻術に驚かされるたびに、われわれは彼らの真実の姿を知りたくなる。それが詐術やマジックに近いものであったとしても、その息づかいを感じてみたい欲求にかられる。

真実の忍者とは何者だったのか、彼らの社会とはどんなものだったのか。ここからは戦国から江戸時代にかけて、史料に確認できる彼らの社会の実態を見きわめていきたい。そこは階層制と差別のいっぽうで、過酷な任務に生きる者たちの連帯感がある社会だった。

C　忍者社会とは、どんなものだったのか

鎌倉時代の初期のこと、伊賀四郡のひとつ名張郡において、東大寺領の板蝿杣《いたばえそま》から黒田党が発生する。当時は悪党と呼ばれた、国衙《こくが》（中央権力）に従わない独立性の高い集団のひとつである。もともと彼らは、東大寺が国衙との境界争いのために組織した武力集団だったが、のちに東大寺本荘として不輸不入の権が獲得され、この地域一帯に自主独立の気風が育ったのであろう。これが伊賀の忍者社会の黎明である。

伊賀の忍者社会はきわめて独立性が高く、ゆえに極度に閉鎖的な体質を持っていた。伊賀は四郡からなる国であり、惣国一揆として村々が連合した。ここでいう一揆とは平時の盟約関係であって、一味神水・唐傘連判状などの儀式を通じて対等の同盟を結ぶのである。

いっぽう甲賀もまた、伊勢神宮の御厨《みくり》や鈴鹿の関を

支配していた独立性の高い村落連合である。じつは伊賀とライバル視され、あるいは対比される甲賀の忍者社会に、私たちは中世村落の典型をみることができる。室町時代に発達した初期村落共同体・惣村の姿である。

近江国甲賀郡の大原郷には、大原同名中の与掟《くみおきて》条々《じょうじょう》という掟書きが残されているので、その一部を抜粋してみよう。

「他所と同名のうちで戦闘が起きた時には、仲が悪い間柄であろうと、普段は疎遠にしていようと、敵に寝返りをしてはならない」「同名中で諸々のことを相談する時、多分に付いて同意すべきである。少分によって決裂することがあってはならない。万一紛糾することがあれば、その時は籤《くじ》で決するべきである」

ようするに同盟を裏切るな、決議事項は空気を読んで大勢に従え、紛糾しそうなときは籤引きで決めよと、郷の団結を定めとしているのだ。じつに日本的な村社会の構造ではないか。このほかに、長い引用になるので要約するが「毒蛇や蠍は飼ってはいけない」という条文があるのが注目される。禁止しているということは、毒のある生物を飼って毒素を抽出する者がいたのであろう。

村の外に活躍の場をもとめた忍者たち

室町時代の村落は、千名をくだらない大きな集団(共同体)だったと、最新の中世史研究でわかっている。飢餓と戦乱の時代に家は三代続かなかったといわれ、人々は惣《そう》と呼ばれる村の共同体を頼って生きていたのである。

惣の寄り合いで相談事が決し、若者は男女を問わず武装して村を護った。隣の村との水利権、入会権をめぐる争いが頻発していたので、村は城砦をつくって合戦に備えたという。寄り合いの決定に従わない者は、村八分として火事と葬式以外は惣の行事から疎外され、田畑仕事も孤立を余儀なくされた。今日も山村に残る日本の村社会の原風景である。

村同士の紛争は同盟する村連合の合戦に発展し、それが国境におよんだときは、大名権力が乗り出して解決した。村々は公事《くじ》（年貢）と労役・兵役を供出する代わりに、戦国大名の軍事力に紛争解決を頼んだのである。

戦国時代の合戦の大半は、このような領内の村同士の紛争であったり、国境をめぐる村と村の紛争を領主権力が軍勢を派遣して調停したものなのである。戦国大名同士がにらみ合いのまま終わった合戦の記録に、私たちが煮え切らない印象を覚えるのは、彼らがもともと調停のための威嚇として軍勢を派遣したに過ぎないからなのだ。兵力を動員して、陣型を見せた段階で、和睦調停がはじまり諸条件が交わされる。

このように、戦国時代の村落は生きてゆくための武力を備え、戦国大名に庇護をもとめる存在であったが、強力な戦闘力を備え、村の外に活躍の場をもとめる人々もいた。これが戦国時代の忍者集団なのである。この場合は、傭兵といっても同義であろう。

とくに甲賀は出入り自由の気風があり、織田氏の重臣である滝川一益も、甲賀で修行した忍者だったという説がある。第二次天正伊賀の乱のとき、信長の名代である織田信雄が織田勢にくだってきた田屋某から献上された壺を一益に下賜した（『信長公記』）ことから、少なくとも一益が甲賀調略ならびに伊賀攻略に特別な論功があったとみるべきであろう。

組織的に柔軟な共同体だったことから、甲賀者は伊賀者にくらべて苛烈なことをしなかったとされ、小説や評伝のなかでも人間的な心が通じるソフトな人物像に描かれることが多い。山に囲まれた伊賀にくらべ、南近江に開けた甲賀の地理的な違いであろうか。

　大名の系列でいうと、甲賀は豊臣系、伊賀は徳川系といわれるが、すでに見てきたとおり史料的な裏づけがあるわけではない（幕府に訴願した芥川甚五兵衛利重は、甲賀古士を名乗っている）。忍者の華々しい活躍は、フィクションなのである。そこでわれわれは忍者社会に迫るために、共同体内部の史料に目をうつしてみよう。

　惣の申し合わせた掟は、甲賀においても厳しいものだった。甲賀二十一家の中枢といわれる柏木三家は『山中文書』に起請文を残しているが、敵の攻撃に三家が一致団結して戦うことはもとより、強盗や山賊行為は死罪、領内で盗人が出た場合はそれぞれで処分すること。その処分に服さぬ者が出たときは三家が共同で成敗するとある。だが、これらの掟書も、当時の惣村では一般的な部類である。

　いっぽう、伊賀者が全国的に分布するようになるのは、天正伊賀の乱によって出奔を余儀なくされたからである。江戸時代における忍者社会の全国化は、まさに強いられた流民化だったのだ。八代将軍吉宗がお庭番に組織したのは、伊賀藤林系の根来《ねごろ》忍者だとされているが、これもフィクションの産物であろう。

C 忍者社会における二重の身分制度

開放的な気風の相互扶助組織だった甲賀とは違って、伊賀にはもともと明確な階級制度があったという。いわゆる上忍・中忍・下忍の制である。上忍には有名な服部半蔵正成、百地丹波、藤林長門守で知られる三家があり、伊賀の村落連合の寄り合いは、この三家で決め事が行なわれたという。

　この伊賀御三家ともいうべき上忍たちは、それぞれ東大寺領の名主であったと考えられる。やがて本荘を押し盗り戦国領主に成長したと考えられ、その意味では戦国時代の小名たちである。したがって中忍は彼らの被官であり、下忍は中間・足軽の階級になる。その意味では、伊賀の忍者集団は土豪とも呼ばれる戦国時代の一政治勢力であり、甲賀の横型社会とはちがう、やや厳格な縦型の社会を形成していた。

上忍・中忍・下忍の三層からなる階層制は、いっぽうで陽忍と陰忍にも区別される。陽とはいわば頭脳労働の忍者であり、戦国大名のもとで戦勝の呪術を行なったり、毒薬や薬草の知識で貢献する。陰忍は陰の役ともいうべき、肉体的な戦闘をになう忍者たちである。そして大名の被官であるか浪人であるかを問わず、ここに忍者独自の身分制があったのだ。さらには、陰忍のなかにも忍術や身体能力の差異から差別があったと思われるが、陣営の中の連帯感がそれをおぎなったであろう。

江戸時代になると、これら忍者独自の身分制が顕在化したという。江戸という武家社会は、たとえば町奉行配下の与力・同心たちが同じ身分の旗本・御家人たちから、町人の犯罪をあつかう不浄役人と蔑視されたように、じつに閉鎖的かつ排除的な気質をもっていた。その一部が町方与力や同心に吸収され、江戸城警護に就いた伊賀組・甲賀組にとっても、上忍の出であるかどうか、陽忍の系譜であるかどうか。これらは番役(警護)の役職や扶持の大小とはまた別の身分制として、隠然と彼らを支配していたのである。

こうして見てくると、そのふるまいや颯爽とした活躍から自由気ままに思える忍者たちも、きびしい身分制のなかで呻吟していたのかもしれない。常人をおどろかせる忍術の瞬間だけ、彼らは自分たちにしかできない技のうちに自由を感じ取っていたのではないだろうか。

真田信繁（幸村）亡命伝説――真田父子は生きていた！

奇想天外な忍者たちよりも、もっと愉しめるのが真田幸村こと信繁のその後であろう。じつは信繁はひそかに大坂城を脱し、大助（幸昌）とともに豊臣秀頼を警護しつつ、薩摩に下ったというのだ（『真田三代記』江戸時代末期）。

じじつ、大坂夏の陣のあと、上方では「花のようなる秀頼さまを、鬼のようなる真田がつれて、退きも退きたり加護島（鹿児島）へ」という歌が流行ったとされている。薩摩に着いた一行は島津氏の黙認のもと、ひっそりと暮らしていたが翌年の十月に信繁（幸村）が長年の心労から亡くなる。秀頼も信繁の死で気落ちしたのか、まもなく亡くなったという。だが、秀頼には夏の陣から二十二年後に、その子が島原の乱をみちびく天草四郎時貞（元和七年〈一六二一〉生まれ）になったという伝承があるのだから、すぐに死んでもらっては困る。

薩摩から奥州に向かったという説もある。真田信繁（幸村）と大助（幸昌）父子は巡礼に身をやつして大館（秋田県）に至り、そこに寓居を構えたという。真田紐を作って生計を立て、酒造りになって信濃屋と号したとされる。大館での没年は寛永一八年（一六四一）、享年七十二（通説では七十五）歳。

また、九度山に伝わるものでは、真田庵（善名称院）を訪ねる者があったという。その者は真田信繁（幸村）の代参りで、参拝は寛永元年（一六二四）まで続いたから、信繁は五十五歳まで生きたことになる。

信州松代でも、信幸（信之）の家臣が毎年同じころになると、家族にも行き先を告げずに姿を消すことがあったという。その家臣は、山中で暮らしている信繁（幸村）に逢いに行っていたという噂である。大坂の陣を生き延びた信繁は、徳川打倒の執念を燃やしながら再起を計画していたのであろうか、それとも焼酎を堪能しながら余生を愉しんだのであろうか――。

真田丸年表

年	月日	事項
天文十六年（一五四七）		昌幸（源五郎）が真田幸隆の三男として生まれる。母は河原隆正の妹（蓮華定院過去帳）。
	八月	武田晴信（信玄）が佐久郡志賀城を落とす。幸隆は武田方として参陣（甲陽軍鑑など）。
天文一七年（一五四八）	二月十四日	武田晴信、上田原の戦いで村上義清に敗れる（高白斎記・勝山記）。幸隆は武田方として参陣。
	十二月	越後の長尾景虎（上杉謙信）が兄を隠居させ家督を継ぐ（上杉文書）
	四月	春日城が落ち、望月氏・伴野氏が武田氏に降る。
天文一九年（一五五〇）	七月二日	晴信が幸隆に「本意の上は小県郡諏訪形等千貫文の地を与える」と約す（真田文書）。
	九月	武田勢が村上義清の戸石城を攻める（高白斎記・勝山記）。
	十月一日	武田勢が戸石城から退却する（戸石崩れ）。
天文二十年（一五五一）	五月二十六日	幸隆が戸石城を落とす。
	七月	晴信が信濃に出陣することを飯富虎昌に告げ、その旨を幸隆へ連絡させる。
天文二一年（一五五二）	一月	関東管領・上杉憲政が北条氏康に上野平井城を追われ、越後の長尾景虎を頼る。
天文二二年（一五五三）	一月	信濃守護・小笠原長時が武田氏に信濃を追われる
	四月九日	武田勢の攻撃で村上義清の葛尾城が落ちる。義清は越後に敗走し、長尾景虎に救援を求める。
	四月二十二日	越後勢が村上義清救援のため信濃に出陣する。第一次川中島合戦。武田勢がしりぞき、義清は旧領・小県郡塩田城を回復する。
	八月五日	晴信が塩田城を攻略し、義清は越後に逃亡する。
	八月十日	真田昌幸（七歳）は人質として甲府に入る。晴信が幸隆に秋和に三百五十貫の領地を与える。
	九月	長尾景虎がふたたび川中島に進出し、武田勢と戦う（第二次川中島合戦）。
天文二三年（一五五四）		甲斐・駿河・相模の三国同盟が成立する。
	十月五日	北条氏康が幸隆に、吾妻在陣をもとめる。
弘治元年（一五五五）		昌幸九歳
	七月	善光寺別当の争奪で、越後勢と武田勢が対峙（第二次川中島合戦）。両軍の対陣は一〇〇日におよぶ（妙法寺記）。
	閏十月	今川義元の仲介で、武田勢と越後勢が和睦。
弘治二年（一五五六）	九月八日	武田晴信が幸隆に、雨飾城の攻略を命じる。
弘治三年（一五五七）	二月	武田勢が葛山城を落とす。
	四月	越後勢が信濃に出陣。幸隆は小山田昌辰とともに、雨飾城の在番を勤める。
	八月	第三次川中島合戦。
永禄二年（一五五九）	二月	武田晴信が出家して信玄と号す。幸隆も出家し一徳斎と改める。
		長尾景虎が二度めの上洛。
永禄三年（一五六〇）	一月	織田信長が桶狭間山で今川義元を破る。
		長尾景虎が関東に遠征し、関東管領山内上杉輝虎を名乗る（謙信公御年譜）。
永禄四年（一五六一）	九月十日	第四次川中島合戦。昌幸が信玄の近習として初陣をかざる。
永禄五年（一五六二）	六月	幸隆が信綱と連名で、四阿山白山神社奥宮に戸張を寄進。
永禄六年（一五六三）	九月	上野国長野原の戦いで、大戸氏が幸隆に降伏。
	九月十五日	幸隆が岩櫃衆から起請文をとる。
	十月十三日	幸隆が岩櫃城を攻略する。
永禄七年（一五六四）	三月	武田信玄が川中島の清野氏に、岩櫃在城の幸隆の救援を命じる。
	五月	武田勢が上野の倉賀野城を攻略する。
永禄八年（一五六五）	十一月	上野国嶽山城の池田佐渡守らが、幸隆の仲介によって武田氏に帰属する。
永禄九年（一五六六）	三月	昌幸に嫡男・信幸が生まれる。
永禄十年（一五六七）	三月	幸隆が計略によって上野白井城を攻略する。
	八月	甲信の諸将が武田信玄に起請文を提出する。
		織田信長が斎藤龍興の稲葉山城（岐阜城）を攻略する。
	十一月	昌幸が伊那高遠城に、武田勝頼の嫡子誕生の祝いの使者として赴く。
		この年、武田信玄は嫡男・義信を自殺させる。

永禄一一年（一五六八） 九月 織田信長が足利義昭を奉じて上洛する。

永禄一二年（一五六九） 二月 信玄が駿河攻めを敢行する。武田勢は駿河蒲原城を陥れ、信玄が陣中から幸隆と信綱に戦況を伝える。

十月 昌幸が相模三増峠の戦いで使番をつとめ、一番槍の功をたてる。

十二月 武田信玄が駿府を占領する。

北条氏康が信玄と断交し、上杉謙信とむすぶ（越相一和）。

永禄一三年・元亀元年（一五七〇） 一月 昌幸が駿河花沢城攻めに参陣する。

四月 武田信玄が春日虎綱（高坂弾正）に後事を真田信綱に任せて、伊豆に参陣するよう命じる。

この年、昌幸の次男・信繁（幸村）が生まれる（『善名称院過去帳』）。母親は山手殿。

元亀二年（一五七一） 九月 織田信長が比叡山を焼きはらう。

元亀三年（一五七二） 一月 北条氏康が上杉謙信との同盟を破棄し、ふたたび武田信玄と同盟する。

三月 幸隆は計略で上野白井城を攻略する。信玄がそれを賞賛し、箕輪に在城して春日虎綱の指示を受けるよう命じる。

十二月二十二日 真田一族が三方ヶ原の戦いに参陣。武田勢は徳川勢および織田信長の援軍を破る。

天正元年（一五七三） 三月 白井城が上杉勢に奪われる。幸隆は上野で上杉勢と戦う。

四月十二日 武田信玄が三河からの帰陣中、伊那の駒場で病没する。信玄の四男・諏訪勝頼が武田氏の家督を継ぐ。

天正二年（一五七四） 五月十九日 真田幸隆が没し、幸隆の嫡子・信綱が家督を継ぐ。

七月 室町幕府が滅亡する。

十一月 真田信綱が四阿山別当職を安堵する。

天正三年（一五七五） 五月二十一日 武田勝頼が織田信長・徳川家康の連合軍と長篠で戦い大敗する。この合戦で信綱と昌輝が戦死し、昌幸が真田氏の家督を継ぐ。

十月二十一日 昌幸が河原隆正に、真田町屋敷の年貢をくだす。

十一月十七日 昌幸、四阿山別当職を安堵する。

天正四年（一五七六） 三月 昌幸が榛名山に禁制を掲げる。高野山蓮華定院に、宿坊に関する書状を発する。

海野長門守、能登守兄弟が昌幸に属する。昌幸は北条氏政の上野攻略を、武田勝頼に報告する。勝頼が昌幸に北上野の防備を厳重にさせる。

天正五年（一五七七） 八月 武田勝頼が昌幸の手紙に答えて、織田信長の行動が活発なことを知らせる。

天正六年（一五七八） 三月十九日 上杉謙信が病死する。二人の養子・景勝（甥）と景虎（北条氏）の間に争いがおこる。武田勝頼は北条氏を支援して信越国境に進出するも、景勝と和議（条件は黄金と上野割譲）をむすぶ。

六月 甲越同盟が成立する。勝頼が昌幸に、沼田城攻略と東上野の調略を命じる。

天正七年（一五七九） 二月 勝頼が昌幸に、上野石橋郷の諸役を免じる。

三月十七日 昌幸は上野吾妻郡の地侍・海野幸光らに、中山・尻高両城を奪取したと伝える。

七月 御館の乱（上杉家の後継争い）に敗れた上杉景虎が自害。

九月 昌幸が矢沢頼綱（真田幸隆の弟）に、沼田城を攻めさせる。矢沢頼綱らは小川・名胡桃城を攻略する。

天正八年（一五八〇） 二月 昌幸が僧某に上野倉内を手に入れたら所領を与えると約束する。

三月 昌幸は前例どおり、高野山蓮華定院を真田郷民の宿坊と定める。

この頃から、昌幸は安房守を称するようになる。昌幸がふたたび、矢沢頼綱らに沼田城攻略を命じる。

四月 矢沢頼綱が沼田城を攻め、それを甲府出張中の昌幸に報告する。武田勝頼は昌幸をすぐに帰城させると返事を出す。昌幸は引き続き、沼田城の攻略を行なう。

五月四日 沼田城の攻略がなる。

五月二十三日 武田勝頼が沼田城代・海野幸光らに城内法度を与える。

八月 勝頼が東上野に出陣し、昌幸はその先陣をつとめる。

九月 勝頼が金井外記に、上野名胡桃五〇貫を宛がう。

天正九年（一五八一） 一月 勝頼が昌幸に、新府城の普請奉行を命じる。

三月二十三日 昌幸が上野榛名山に禁制を与える。

七月十日 昌幸が宮田衆に知行の宛いを行なう。

十一月 昌幸が沼田城代の海野兄弟を謀殺する。

天正十年（一五八二） 二月 織田勢が信濃に侵入する。

三月 昌幸は長尾景憲に、北条氏に臣従する意向をしめす。

三月十一日 武田勝頼が田野で一族とともに自害し、武田家は滅亡する。

三月十二日　北条氏邦が昌幸に手紙を寄越し、北条氏直への臣従をすすめる。
三月十八日　昌幸は織田信長に臣従する。
四月八日　昌幸は信長に馬を贈り、本領を安堵される。滝川一益の傘下に入る。
六月二日　本能寺の変。
七月十二日　北条氏直が小県郡海野平に進攻し、昌幸は北条氏に従う。
八月　北条勢が徳川勢と甲州若神子で対陣する。
九月二十八日　昌幸は信尹（弟）の斡旋によって、徳川家康に従う。
十月二十八日　北条氏邦が沼田城を攻め、敗退する。
十月二十九日　北条氏と徳川氏が和睦する。

天正一一年（一五八三）
一月　真田勢が埴科郡虚空蔵山で上杉勢を破る。
四月　上田城の築城に着手する。
六月　柴田勝家を滅ぼした羽柴秀吉が大坂城に入る。
七月　羽柴秀吉が検地に着手する。

天正一二年（一五八四）
一月　昌幸が小県郡丸子城を落とす。出浦・長井氏らが帰属する。
三月　徳川家康、羽柴秀吉と尾張小牧・長久手で戦う。

天正十三年（一五八五）
五月　高井郡の須田信正が、昌幸に誘われて上杉景勝に叛乱する。
六月二十一日　昌幸が沼田城代・矢沢頼綱の子・頼幸に、上田領内の足軽衆を付属させる。
七月十五日　昌幸は越後上杉氏と同盟し、幸村（信繁）を人質に出す。同日、上杉景勝より九ヶ条の起請文を受ける。
八月　徳川家康が真田を攻めるために、軍勢を小県郡に出す。
八月二日　昌幸・信幸父子は、徳川軍を上田城外国分寺付近で迎え撃ち、これを敗走させる。徳川軍は支城である鞠子城を攻めるが、これも失敗する。
九月五日　禰津昌綱が昌幸の家臣となる。
九月二十九日　北条勢が沼田城を攻めるも、失敗に終わる。
十一月十三日　徳川家の重臣・石川数正が秀吉のもとに出奔する。この頃、昌幸は秀吉に臣従する。信繁が秀吉に出仕する。

天正一四年（一五八六）
五月二十五日　北条氏直が沼田城を攻撃して敗退する。
七月十七日　徳川家康が昌幸を討つために、駿府まで出馬する。
七月十九日　家康が甲府に着陣する。
八月三日　増田長盛と石田三成が昌幸を「表裏比興の者」と評する。
八月七日　家康が豊臣秀吉の調停により、真田攻めを延期する。
九月二十五日　秀吉が真田征伐の中止を上杉景勝に伝える。
十一月四日　秀吉の命により、昌幸は家康の与力大名となる。

天正一五年（一五八七）
三月十八日　昌幸が駿府で家康に謁見。上洛し秀吉に謁見する。
三月　豊臣秀吉が島津征伐のため九州に遠征する。

天正一六年（一五八八）
四月二十六日　昌幸が吾妻郡八幡山城の使番衆を定める。
五月五日　昌幸が矢沢頼綱を沼田から呼び戻し、替地として信濃小県郡内に知行地を与える。

天正一七年（一五八九）
二月十三日　真田信幸が家康に出仕する。本多忠勝の娘・小松姫（家康の養女）を妻に迎える。
この年の春、秀吉が沼田領の裁定を行う。
七月十四日　昌幸は秀吉の裁定に基づき、沼田領利根川以東を北条氏に明け渡す。代替地として、信濃伊那郡箕輪領を与えられる。
十一月三日　北条氏邦の家臣・猪股邦憲が、名胡桃城を謀略で陥れる。偽書状で騙された真田家臣・鈴木主水は自害する。
十一月二十四日　秀吉が北条氏の名胡桃城攻めを口実に、諸大名に対して北条征伐を命じる。

天正一八年（一五九〇）
三月　昌幸は信幸・信繁・前田利家・上杉景勝とともに、北国勢として小田原城攻めに参陣。
四月十九日　昌幸が松井田城を攻略する。この松井田城攻略が信繁の初陣となる。
七月上旬　昌幸らは武蔵忍城を攻略に参陣する。石田三成の水攻めが失敗し、忍城を攻略できず。
七月五日　北条氏が降伏し、小田原城開城。
七月下旬　昌幸が秀吉より沼田領を安堵され、信幸に支配をゆだねる。
昌幸・信幸・信繁が秀吉の奥州出陣に参加。

天正一九年（一五九一）
九月　豊臣秀吉が諸大名に朝鮮出兵を命じる。

文禄元年（一五九二）
二月上旬　昌幸・信幸・信繁が肥前名護屋に赴く。

文禄二年（一五九三）
六月　秀吉が和議7カ条を明の使者に渡す。
八月　昌幸が名護屋から上田に帰る。
十二月　信幸が伏見城の普請を命じられる。

文禄三年（一五九四）
三月　昌幸が伏見城の普請役となる。昌幸・信幸・信繁の三人分で一六八〇人の役と定められる。

慶長二年（一五九七）　十一月　信幸が伊豆守に、信繁が左衛門佐に任ぜられる。

十二月　昌幸が信綱寺の所役を免除する。

慶長三年（一五九八）　一月　秀吉が朝鮮再征のため、諸大名に出兵を命じる。

八月十八日　豊臣秀吉が逝去する。

十一月　朝鮮からの撤兵が完了する。

慶長四年（一五九九）　閏三月十三日　家康が伏見城に入る。

九月　家康が大坂に移る。

慶長五年（一六〇〇）　三月十三日　昌幸は家康が大坂城に移り、自分も大坂に屋敷を求めようとしていることを信幸に伝える。

七月　昌幸・信幸・信繁は、家康とともに上杉景勝を討つため関東に向かう。

七月十七日　豊臣家三奉行から、家康弾劾の連署状が出る。

七月二十一日　下野犬伏の真田陣営に、石田三成の密使が到着する。昌幸・信幸・信繁が真田家の去就を話し合う。昌幸と信繁が西軍につくことを決め、上田に向かう。信幸が徳川方に残り、その旨を家康に報告する。

七月二十四日　信幸は家康から忠節を賞せられる。

七月二十七日　信幸が家康から小県郡の昌幸領について、安堵の約束を得る。

九月六日　秀忠を大将とする徳川勢が、昌幸と信繁の守る上田城を攻める。真田勢が徳川勢を翻弄する。

九月十五日　関ヶ原の合戦で西軍が敗れる。

十二月十二日　昌幸と信繁が高野山麓の九度山に配流となる。信幸は沼田領に加えて、小県郡の昌幸旧領を安堵される。

慶長六年（一六〇一）　閏十一月　信幸の正室・小松殿、昌幸に鮭などを送る。

慶長八年（一六〇三）　二月　徳川家康が征夷大将軍に任ぜられ、江戸幕府を開く。

三月　昌幸が信綱寺へ手紙を送り、本多正信の取り成しで赦免されるかもしれないと伝える。

慶長一五年（一六一〇）　十一月　高野山蓮華定院住持が本多忠勝の死を弔うため、小松殿のもとへ下向する。

昌幸が書を小山田茂誠に送る。

慶長一六年（一六一一）　三月　徳川家康が二条城で豊臣秀頼と会見する。

六月四日　昌幸が配流先の九度山で逝去する。亡骸は本領の真田長谷寺に葬られる。九度山の昌幸の家臣たちが一周忌をすませ、本領の上田にもどる。

慶長一七年（一六一二）　信繁は入道して、好白と号す。

慶長一九年（一六一四）　十月一日　家康が大坂追討を命令する。信幸は病気のため、嫡子・信吉、次男・信政らを参陣させる。

十月十四日　信繁が嫡子・大助とともに大坂城に入る（駿府記）。

十二月四日　信繁が大坂城玉造口に、真田丸を築く。東軍は真田丸を攻めるが、真田勢の反撃で敗退する。

十二月二十日　東軍と大坂方の間に和議が成立する。

元和元年（一六一五）　一月二十四日　信繁が大坂城中から、上田にいる姉・村松殿に手紙を送る（小山田文書）。

二月十日　信繁が石合十蔵に手紙を送り、大坂の情勢と決死の覚悟を述べる。

三月十日　信繁が姉婿の小山田壱岐に手紙を送り、秀頼の厚遇と城中に気遣いが多いことなどを伝える。

四月六日　徳川家康が諸大名に対し、大坂再征を命じる。

五月六日　道明寺の戦いで後藤又兵衛、薄田隼人らが討ち死にする。信繁は伊達勢と交戦した（山口休庵咄）。

五月七日　信繁は大助を大坂城中に送りもどし、秀頼の出馬を淀どのに乞うが、容れられず。信繁はやむなく、家康の本陣へ突撃する。一時は家康を窮地へ追い込むが、討ち死にする。大助も大坂城内で自刃する（大坂御陣覚書）。

元和二年（一六一六）　——信幸五十一歳
この年、信幸が上田城に入る。沼田城には信吉が入る。

元和六年（一六二〇）　二月二十四日　信幸正室の小松殿（大蓮院）が没する。信幸はこの報に接し「我が家の燈火は消え失せたり」と洩らした。

元和八年（一六二二）　信幸が信州川中島の松代藩に移封される。四万石が加増され、沼田とあわせて十三万石を領する。

明暦三年（一六五七）　七月　信幸が信政に松代藩政を譲り、柴村に隠居する。

八月十日　信政が信幸の命に従い、沼田城を信吉の次子・信利に譲る。

万治元年（一六五八）　——信幸九十三歳

正月　信政が病に倒れ死去する。信政の死後、松代藩主の座をめぐって信政の嫡子・幸道と沼田藩主・信利の間で騒動が起こる。幸道が継ぐ。

十月十七日　信幸が永眠する。家臣・鈴木右近が信幸の死に殉じた。

大阪城天守閣
（大阪市中央区大阪城 1-1）

Guide of Sanadamaru 7

真田信繁最期の戦いの場となった大阪城。

現在は１階から天守閣内まで各階が展示場になっています。バリアフリーで車いすでも天守閣展望台まで行くことが可能です。

時 午前９時〜午後５時（最終入館は午後４時30分まで）
休 12月28日から翌年１月１日
料 大人600円　中学生以下は無料（要生徒手帳など）　※団体割引あり
ア 地下鉄
谷町線
「谷町4丁目駅」1-B番出口「天満橋駅」３番出口
中央線
「谷町４丁目駅」９番出口「森ノ宮駅」１番出口、3-B番出口
長堀鶴見緑地線
「森ノ宮駅」3-B出口「大阪ビジネスパーク駅」１番出口
ＪＲ
大阪環状線
森ノ宮駅 大阪城公園駅
東西線
大阪城北詰駅
京阪電車
天満橋駅
市バス
【62系統】大阪駅〜淀屋橋〜天満橋〜大手前〜馬場町〜あべの橋〜住吉車庫前
大手前 馬場町で下車
水上バス
大阪城港 八軒家浜船着場
自動車
神戸方面から
阪神高速　13号東大阪線　法円坂出口
東大阪方面から
阪神高速　13号東大阪線　森之宮出口
駐車場
一般乗用車
大阪城駐車場
200台（内障害者用　４台）
終日営業
【午前８時から午後10時まで】　１時間350円
【午後10時から午前８時まで】　１時間150円
森ノ宮駐車場
98台
終日営業
【午前８時から午後10時まで】　１時間350円
【午後10時から午前８時まで】　１時間150円。
問 ☎ 0669-41-3044
※展示は比較的短期間で変わります。HPでご確認ください。
http://www.osakacastle.net/

沼田城址※沼田公園内
（群馬県沼田市西倉内町５９４）　Guide of Sanadamaru 5

現在、本丸と捨曲輪《すてぐるわ》と二の丸・三の丸跡の一部が沼田公園（一部市指定史跡）に、総曲輪《そうぐるわ》の一部が沼田小学校や沼田女子高等学校の敷地となっています。本丸跡に西櫓台《にしやぐらだい》と石垣、本丸堀の一部がみられ、僅かに城の名残を留めています。本丸跡には鐘楼《しょうろう》が建設され、真田信吉が鋳造させた城鐘《じょうしょう》(県指定重要文化財)が釣下げられています。二の丸跡には､旧生方《うぶかた》家《け》住宅(国指定重要文化財)や国の登録有形文化財の旧土岐《とき》邸《てい》（洋館、旧日本基督《キリスト》教団沼田教会紀年会堂が移築されています。鐘楼は寛永 11（1634）年、領内の安泰を祈願して真田河内守信吉に鋳造されながらも城の破却などで浮沈の運命をたどった「城鐘」を保護しようと、明治 20（1887）年旧沼田町役場敷地内に建てられました。

昭和 39（1964）年、市庁舎改築で取り壊されるまで、市民には「時鐘《ときのかね》」として親しまれ、昭和 58（1983）年沼田公園内に復元されました。

時 終日開放
休 なし
料 無料
ア 電車
JR 沼田駅からバス約５分「沼田局前」下車徒歩約５分
自動車
関越道沼田 IC から約 10 分
駐車場
85 台 無料
問 沼田市観光案内所
☎ 0278-25-8555

岩櫃城温泉　くつろぎの館
（群馬県吾妻郡東吾妻町大字原町 1046）　Guide of Sanadamaru 6

戦国時代「武田三堅城」と称された岩櫃城をモチーフに、大浴場やサウナなど各種のお風呂が充実しています。特に自然の木々の緑をしつらえた、露天風呂がおすすめです。

清流のせせらぎ、四季折々の風情に心を寄せて、天然温泉でくつろいではいかが。泉質は神経痛や筋肉痛・疲労回復に効果があります。

時 午前 10 時～午後９時
休 毎月第４火曜日(該当日が祝日の場合､翌日休館）
3.6.9.12 月は第４火曜と水曜（該当日が祝日の場合、翌日休館）
料 3時間まで大人400 円　3歳～12 歳未満300 円
5時間まで大人 700 円　3歳～12 歳未満300 円
団体割あり、別途料金で８畳と 10 畳の個室利用も可能※要問い合せ
ア 電車
ＪＲ吾妻線群馬原町下車、徒歩 10 分
自動車
関越道
渋川伊香保 IC から国道 353 ～ 145 号経由、40 ｋｍ
一般道
国道 17 号～ 353 号～ 145 号経由、40 km
問 岩櫃城温泉　くつろぎの館
☎ 0279-68-2601

松代城跡
（長野県長野市松代町松代 44）

Guide of Sanadamaru 3

武田信玄と上杉謙信が信濃の覇権を競った川中島合戦で、武田側の拠点として築城されたといわれています。千曲川の流れを外堀とする天然の要塞で、当時は「海津城（かいづじょう）」と呼ばれました。

江戸時代、真田氏が松代藩主となると、松代城を中心に真田 10 万石の城下町が発展しました。明治の廃城にともない建物が壊されたため、長い間石垣を残すのみでしたが、昭和 56（1981）年、新御殿（真田邸）とともに国の史跡に指定されました。その後、長野市により環境整備工事が行われ、平成 16（2004）年に櫓門・木橋・石垣・土塁・堀などが復元されました。桜の名所としても知られ、4 月中旬頃、見頃を迎えます。

時 午前 9 時～午後 5 時　（入場午後 4 時 30 分まで）
休 原則無休
料 無料
ア バス
長野駅から松代行き30分、松代駅下車徒歩5分
自動車
長野 IC から 10 分
駐車場
大型バス 7 台・乗用車 23 台程度
松代城北駐車場（松代城跡北・徒歩 5 分）
大型バス 10 台・乗用車 60 台程度
問 ☎ 0262-78-2801（真田宝物館）

九度山真田庵
（和歌山県伊都郡九度山町九度山 1413）

Guide of Sanadamaru 4

善名称院、真田庵とも呼ばれ、真田幸村父子の屋敷跡に建てられたお寺。本尊に延命子安地蔵菩薩を祀り、かつてはお地蔵さんとして賑わいをみせたこともあったそうです。春にはボタンが咲き乱れ、真田まつりでは武者行列のゴール地点として、賑わいをみせています。

このお寺で、怒った姿の昌幸の霊がたびたび見られるようになりました。そこで大安上人は昌幸の霊をこの地の大権現の神様にして祀ったところ、穏やかな顔になった昌幸が現われ、そして祀ってもらったお礼にこの地を守ると約束しました。それがこの真田地主大権現です。その後、稲荷大明神、金比羅大権現、天満宮、住吉大社も、境内に加えて建てられました。

真田庵の境内に、土蔵作りの資料館がある。真田家に関するもの、お泊まりになった天皇のもの、大安上人に関するものなどが展示されています。

時 午前 9 時～午後 4 時
休 年末年始以外無休
料 200 円（要予約：団体でご住職の案内を希望される場合 300 円）
ア 電車
京都・大阪方面から
なんば→（南海高野線 55 分）→＜橋本＞→（10 分）→九度山
奈良方面から
奈良→（JR 大和路線 15 分）→王子→（JR 和歌山線 55 分）→＜五条＞→（13 分）→橋本→（南海高野線 10 分）→九度山
自動車
京都・大阪方面から
吹田 JC →（近畿・阪和道 25 分）→美原北 IC →（R309・R170・R371　50 分）→橋本（R370　10 分）→九度山
神戸方面から
神戸→（阪神高速湾岸線・関西空港道・阪和道 90 分）→阪南 IC →（20 分）→岩出→（R24　40 分）→九度山
名古屋・奈良方面から
名古屋→（東名阪・名阪国道 25 号・西名阪 120 分）→郡山 IC（R24　20 分）→橿原→（R24　50 分）→九度山
問 真田庵
☎ 0736-54-2218
九度山町役場 産業振興課
☎ 0736-54-2019（代表）

肌で感じる真田丸 観光ガイド
Guide of Sanadamaru

時……営業時間 場……場所 休……休業日 料……料金 ア……アクセス 問……問い合わせ

上田城大河ドラマ館
（長野県上田市二の丸 6263 番地イ） Guide of Sanadamaru 1

大河ドラマ館は、ドラマのストーリーに合わせ、撮影で使用するセットや出演者が着用した衣装などを展示し、大河ドラマの世界の魅力を紹介する施設です。

■開催期間
平成 28 年 1 月 17 日（日）～平成 29 年 1 月 15 日（日）
時 午前 9 時～午後 5 時
場 上田城跡公園内 ※旧上田市民会館
休 なし
料 大人（高校生以上）600 円
小人（小中学生）300 円
未就学児 無料
団体割引入場券
大人 480 円 小人 240 円
前売り入場券
大人 480 円 小人 240 円
ア 電車
JR 上田駅・しなの鉄道上田駅・上田電鉄別所線上田駅下車
※駅から徒歩の場合
上田駅お城口正面からまっすぐ、「中央二丁目交差点」を左折。約 12 分
※駅からバスの場合
上田市街地循環バス赤運行（あかバス）を利用
上田駅乗車、公園前下車。料金は 200 円。
自動車
最寄 IC
上信越自動車道　上田菅平 IC から約 4 キロメートル。約 15 分。
駐車場
上田城跡駐車場
公園内のやぐら下にあります。普通車 88 台・バス 8 台。無料。
（注）満車の場合は、駅前の市営駐車場等をご利用ください。
問 大河ドラマ「真田丸」
上田市推進協議会事務局（上田市政策企画部シティプロモーション推進室）
長野県上田市大手 1-11-16
☎ 0268-75-2554 FAX 0268-22-4131
E-mail：promotion@city.ueda.nagano.jp

真田宝物館
（長野県長野市松代町松代 4-1） Guide of Sanadamaru 2

真田家十二代当主・幸治氏から昭和 41（1966）年に譲られた武具、調度品、書画、文書などの大名道具を収蔵・展示する博物館として開館。松代藩真田家の歴史と、大名道具を紹介する常設展示室、テーマを定めた企画展、特別企画展が行なわれる企画展示室からなっています。

国の重要文化財「青江の大太刀」、真田昌幸所用の「昇梯子の具足」、武田信玄・豊臣秀吉・石田三成・徳川家康らの書状など、貴重な資料はおよそ 5 万点におよびます。年 4 回展示替えがあり、実物資料はほぼすべてを入れ替えしています。展示資料についてはHPでご確認いただくか、お問い合わせください。

時 9 時～午後 5 時（入館午後 4 時 30 分まで）
休 毎週火曜日（祝日の場合は開館）
館内消毒期間（6 月下旬　月曜日～金曜日の 5 日間）
料 入場料　一般 300 円、小・中学生 120 円
※ 20 人以上団体割引あり　一般 250 円　小・中学生 90 円
※真田邸・文武学校との共通券：一般 400 円、小・中学生 150 円
※毎週土曜日と 5 月 5 日は小・中学生無料、
※ 9 月第 3 月曜日と 11 月 3 日は全て無料
ア バス
長野駅から松代行き30分、松代駅下車徒歩3分
自動車
長野 IC から 10 分
駐車場
真田宝物館駐車場：大型バス3台・乗用車約70台
市営駐車場（松代城跡前・宝物館まで徒歩 3 分）
大型バス 7 台・乗用車 23 台程度
問 大河ドラマ「真田丸」
上田市推進協議会事務局（上田市政策企画部シティプロモーション推進室）
長野県上田市大手 1-11-16
☎ 0262-78-2801（真田宝物館）

おもな参考史料

● 『上田市誌「真田氏と上田城」』歴史編6（上田市）

● 『越佐史料』（高橋義彦編）

● 『神奈川県史』資料編第三巻（神奈川県）

● 『群書類従』（群書類従完成会版）

● 『群馬県史』資料編第七巻（群馬県）

● 『校訂真田三代記』（博文館）

● 『真田一族と家臣団――その系譜をさぐる』（田中誠一郎・信濃路）

● 『真田記（改訂史籍集覧）』（改訂史籍刊行会）

● 『真田三代』（平山優・PHP 新書）

● 『真田町誌』歴史編上（真田町）

● 『真田昌幸』（柴辻俊六・吉川弘文館）

● 『真田幸村のすべて』（小林計一郎編・新人物往来社）

● 『真田幸村と真田一族のすべて』（小林計一郎編・KADOKAWA）

● 『人物叢書　真田幸村』（柴辻俊六・吉川弘文館）

● 『新編信濃史料叢書』（信濃史料刊行会）

● 『第二期戦国史料叢書２真田史料集』（人物往来社）

● 『徳川家康文書の研究』（日本学術振興会）

● 『豊臣平和令と戦国社会』（藤木久志・吉川弘文館）

● 『長野県史』通史第三巻（長野県）

● 『沼田市史』資料編第一巻（沼田市）

● 『三河物語』（百瀬明治訳・徳間書店）

真田丸のナゾ！

発行日：2016年1月15日　　初版第１刷発行

著者：横山茂彦
イラスト：伊賀和洋
発行者：揖斐 憲
発売元：株式会社サイゾー
〒150-0043
東京都渋谷区道玄坂1-19-2 スプラインビル3F
TEL：03-5784-0791
印刷・製本：株式会社シナノパブリッシングプレス
装丁・本文デザイン：株式会社ピースデザインスタジオ

ISBN978-4-904209-89-9　C0021